WORD SEARCH
COUNTRIES, CAPITALS & CITIES

THIS BOOK BELONGS TO:

Word Search: 01
Country Word Search

```
S E O L F G A J C N C P E F H J E
A F A K R J A F G H A N I S T A N
I H B E S S H B C N I A R H A B F
P R E Q Y H W C T O P O C A N O M
D C A S L R K A E Y L Y X U G P A
E O J E X C J M C Z R O A I B Z E
J W J T Z F L B J S P K M W I W W
X W A Z Q J O M X C B W B R D O
C T T U V S U D I N A U F N I O T
K Z P P N J V I J I A R G I W A N
U A D N A W R A S W Y U G Q J X F
C G U R S Z Z E E V Q N Z L Y I A
H M A P T D N G Z N E D T R T I L
Q G A N X O Y Y L Z I I T Q D K N
D I E B D P C U V Q Q I Z N N B F
N C I N T A K L B F I G I P E O W
V O I L N X Z I P L P H P C L N I
```

Afghanistan   Bahrain   Burundi   Cambodia
Colombia   Egypt   Fiji   Greece
India   Indonesia Monaco   Norway
Rwanda   Spain   Uganda

Word Search: 02
Country Word Search

```
B F R O M A N I A A I T Z Y B P W
D N W S U T H N G I N H D S A M T
L T M O G S R M X N Z P U N X O I
C Z E V H U Y A D A G P A I K X S
F B O U V T R E D B S M L O W Z B
I L A Y W O X R I L A H R Z S T T
Y A U N U W Z T T A E T O Y Q Y D
B P I X G B T I I J S O R O M O C
D S E G E L Q R A Y B X K X B U K
J M L Q R M A E H X A F K U Z Y D
N U S O J O B D R A T U L Z E G Q
A V Q R V O E O E D Z G G G N A W
W R A W C A E G U S A G S U J U J
I Q H I N W K F W R H Z A Y R J N
A Y X Y N B S I I M G C U E U U J
T E F I F W L A A N W Q R M B U J
M T N A T S H K A Z A K J W F B G
```

Albania Bangladesh Bulgaria Comoros
Eritrea Georgia Haiti Kazakhstan
Luxembourg Mexico Panama Romania
Slovakia Taiwan Uruguay

Word Search: 03

Country Word Search

```
S H O N D U R A S J I R T I O D U
J D T Z U N A P O U U D T Q V K N
N Y Q E I Q O E Q U E U B K G A I
D G R V F M Y O B Z O Q W I A I T
B N P A U X B W R B V F R I X L E
P L A E Y I D A I E O S N Z J F D
X J O L H Z D J B R M A H O B S H
C C C Y N R D P T W Z A F L B V T
R Y H N A I W D X N E Z C C V K A
P T E H D V F I A C P G H B J B T
V H I M G B C T C F C C L M Y O E
O A V B E A I L A R T S U A N X S
H I N P H N R J P O D L A P E N W
F Q L U N B A M O R O C C O A U O
S K O O A M E A P Y L I Z A R B W
B W K T M T D H K B S N K A V D M
R V V R O K U M U K R A I N E K M
```

Australia   Brazil   Cameroon
Djibouti   Finland   Honduras
Morocco   Nepal   Oman
Tanzania   Ukraine   United States
Vanuatu   Yemen   Zimbabwe

Word Search: 04

Country Word Search

```
A I R T S U A L V D N A L E C I Y
D B V N J A L H T D N A T U H B S
N D T E A H I A R Q Z Y Q S L X K
M S D R A F V B Q N A R J P X Q F
N R E S V L V R M U M N K O A U O
M U L A W A Y E G A P Q S W N D X
J X T K D G T A A M Z I O I B L N
N O V R U A R I K O N H T W W Z U
L V F A K A N Z C G M E T V U J Q
D E Q M P N W A A A D A E B F P I
C A T N S Z C P C K N C S N A N O
B U R E X R O X I N I C X K N B S
O K J D O R A N A Y U G I S Q L B
L W O A E H G N X V M S U T G C M
C K T M X D A Z X Z T B L C Y M R
R I L Q O Y R O D A U C E N S V U
A Y Z M B V O M N F O A B E X L W
```

Austria	Bhutan	Canada
Croatia	Denmark	Ecuador
Guyana	Iceland	Pakistan
Paraguay	Samoa	Singapore
United Kingdom	Vatican City	Zambia

Word Search: 05

Country Word Search

```
K I D Z U W V E M M O N G O L I A
E M L G Z Y K A Z M K L Z K I D Y
R S C C N U L L K K R U G I N K S
J Y A D E T W B Z O D D R R A P P
O Y I V A P Y A Z G I U V I J K A
W F A A I P O I H T E G B B I V S
Q Q P P Y B G D F O I S C A A N B
I L Y A E X A O Q C T E R T B I J
X J C N C G I Q M U A N J I R G V
L A I O Q I M C N T L E J Q E E U
A N P L O U R J Y B Y G A L Z R H
T P B J R P R A N R R A C Y A I L
V P F E K M W A T S A L H D N A C
I K P D P Z D W W S A G K N N E E
A L A O T R N U T B O C N D P Y K
S H P H O H E B H X Q C K U P P Q
C C H J M K I E J J X Q Q N H C N
```

Azerbaijan   Benin   Chad   Costa Rica
Ethiopia   Hungary   Italy   Jordan
Kenya   Kiribati   Latvia   Malta
Mongolia   Nigeria   Senegal

Word Search: 06
Country Word Search

```
Y E C N A R F B P A S U G T P M J
P N T S O K J H S U R P Y C A R N
E S L I B Y A G A N I H C U R M T
P O A A R G E N T I N A R S R K G
E L T K Y N A M R E G I L L G A B
Q F B I N X V M U M T F B X J Y F
P A T C Q A X O A A W L M S R N R
P I Y Y E N L I N N H I V D L F H
M A A V A C L I Z V X B S L Z H Y
O C J I P A A B R J F E U J N N I
B G V X M M E R G S H R P D T P S
S J B O A L F B A D J I S I V K P
S I S X A G Q I J T A A A U I X W
B G M R T K G N W O A W I Q R X S
U M U G Y V R Z S Q U Q W Q A E O
E S V Q X L Q L Z K R Y Y J N L V
H R Q B P E T G A B O N T N Y Y S
```

Argentina   Belarus   China   Cyprus
France   Gabon   Germany   Iran
Kuwait   Liberia   Libya   Mauritania
Qatar   Somalia   Sri Lanka

Word Search: 07
Country Word Search

```
W K Y Y Y M O B M K B U A Y F C T
P U S O E K E O T M B P N Y F E H
E N G Q Y L W R A E G J A W M T A
I C G X G T S E R B I A W C B U Y
S E V I D L A M Z D F S S X Q C N
U P U Q B R S E P J N V T K I S Q
M M O H M N M E U Y N B O L O R J
D F U E V W T K N A T A B Z U G U
T A N S E G S P T I A U M R F S Y
E I Z W D N H S D N P J R I W T H
A B G Y E L Z A A A E K P U K B N J
K R I D A Y P H R T R R I U E I H
E S E T G U G H P C W U P L A Y A
C W X R N C A L G E R I A I F Z
S F Y J B E C Q R U S S I A C H L
X K B Q Z U D T A I S I N U T O P
X F G C U F D K F C L L K M R H Z
```

Algeria   Armenia   Belgium
Botswana   Czech Republic   Ghana
Kyrgyzstan   Maldives   Namibia
Philippines   Russia   Serbia
Sweden   Tunisia   Turkey

Word Search: 08

Country Word Search

```
T A I W O J N S O U T H K O R E A
K J L T I H E A C I A M A J U T B
B R K E H J A X T I F N A P A J H
M Z Y N U A H H M S W L V W H U S
L A D D E Z I E W O I T C K Q W X
Y Z L N G W E L U W P K P J I F N
Q L K A J K Z N A T Y X E T A E E
T P Q N Y Z S E E N A X Z B T Z B
B J O U G S X G A V D E H H Z K L
R T N R B N I Z R L R C E L F U R
U W L H T K E A Y L A R V A U X E
N O Z P J U M X A Z L N P D A U A
E X Y I S N G N I A R O D O P N J
I M P E A G D A N U L W T H G I O
E E K Y T F E D L A J R N O D C B
A K M M N A S Q N N L O L M X D R
D X I L Z C R D L Y X A Z Z F W M
```

Angola   Brunei   Jamaica   Japan
Malaysia   Myanmar   Netherlands   New Zealand
Poland   Portugal   South Korea   Switzerland
Thailand   Uzbekistan   Venezuela

Word Search: 9

City Word Search: Afghanistan

```
S I Y W Y Z K U N D U Z K T U P K
G Y O K A C U L Q V B O M Y S V V
K B S R S L C W Y E U Z I S L Y M
P A A W U X S T D D R I I V B V A
H N N B L O O B Q A D C D Z K E Y
J A A D X M M C G B F P Z N H Y M
X K G C A I W A E A D C I B O L A
Y B R R S H C F L L A P V G S K N
W X Q M A Q A Y G A A S J W T Y A
V Z G I R K K R M L T I H N M I T
O F R P X I H K T A A K A W P A A
W F H N V N M S N J V Q B X R E R
U J H I O Z X A A K O V D G K N E
F G A N X A S K I L O M I D Y L H
H I R L G H D W A S Q M Z M M N L
K P Q V X G Y T Y I S X L Z K L Q
M W Z O N E V T C Z E D R A G A Z
```

Gardez   Ghazni   Herat
Jalalabad   **Kabul**   Kandahar
Khost   Kunduz   Lashkargah
Maymana   Taloqan   Zaranj

Word Search: 10

City Word Search: Albania

```
Z T E Ë E F Q K F R R V T E K Ë J
I R B N M B A L A Ë E M D D C T U
D J Z V Ë E I C H M K I B U R G M
F B J B E N V Ë Z S Ë U F C Ë S K
R A B I L Q U K A G L Z I G Ë F Z
A G K L B U C B N L J L M C B F V
Q C Ë I A D L C U C V Q A C Z D S
Ë D D S S B F Q Ë Q E S I B H H S
N M G H A E N R F A C A H N V V T
H L R T N Q R L K V N F I I I G U
V S E Q C I F V Z A L H T U J F Q
I F M T K F L F R E S Ë K A Q A Ë
Ë E T A R E B I H N U H M I F Ë K
C M U Z R N T D Z Ë M R L S D R T
G A H T J G D E L V I N Ë T E M I
M Q M R J V A T H U A D L Ë D V Q
S Ë R R U D K V U Z M H T K U S V
```

Ballsh Berat Bilisht Shijak
Cërrik Delvinë Durrës Sukth
Elbasan Fier Finiq **Tirana**
Gramsh Kamëz Rubik

Word Search: 11

City Word Search: Algeria

U	A	D	J	E	L	F	A	N	É	B	S	O	J	É	S
F	T	I	A	R	E	T	F	É	H	H	U	I	E	J	L
D	I	A	S	O	I	R	A	H	C	É	B	É	S	E	K
S	O	B	U	B	N	I	H	A	Ï	N	B	E	Ï	D	U
A	O	E	A	C	S	R	O	N	A	A	I	C	L	J	A
Ï	T	N	U	T	E	Ï	I	É	D	U	A	D	A	I	R
D	C	I	U	É	N	S	N	É	K	R	R	C	G	A	T
A	I	T	N	A	H	A	A	N	I	Ï	K	C	L	C	K
R	Ï	N	I	U	Ï	C	A	D	K	I	S	G	U	T	K
O	U	A	G	A	C	R	Ï	A	S	A	I	E	A	R	H
D	A	T	T	F	S	I	N	K	U	E	B	U	A	N	E
U	J	S	D	B	T	N	C	E	R	F	O	J	K	O	N
F	J	N	U	A	A	I	D	S	É	H	R	A	G	O	C
I	D	O	Ï	B	L	G	H	É	G	H	K	A	D	A	H
T	Ï	C	A	K	C	K	K	A	B	E	R	T	L	I	E
É	É	H	O	R	J	J	L	F	E	F	A	C	D	G	L
S	C	B	F	A	K	U	R	Ï	D	L	É	J	I	G	A

Algiers Annaba Aïn Beïda Batna
Biskra Blida Béchar Constantine
Djelfa Khenchela Laghouat Saïda
Skikda Sétif Tiaret

Word Search: 12

City Word Search: Argentina

```
M L C É O G Á O M T O Q Ó R L C Z
M C O C S I D A N D N I R N N V B
P U R I D S B Z T G O O R B S R Y
B C R A V O O U N T Q L U A T V Z
B Y I C D I L B E Ó T I O E S L I
N Á E A Z L Ó A N N O É L R É O E
A V N E Y I A R V A O Ó U L E S R
M C T V U C Á R O O Q S Z N Q S C
I T E Q I N É A Ó N N B A U C U D
A O S R A M S N M P S O E I É I S
G V É R U B N Q S V Á L Á I R C R
U M A Q V Á C U P A A M Á U G E Z
A P P E Ó É É E C G D S Z I Y M S
Q U M L S N Y R D A M O T R E U P
Ó C Ó R D O B A É M B Y G P M L S
G A L G I R E S I S T E N C I A D
A I V A D A V I R O R O D O M O C
```

América Azul Barranqueras
Buenos Aires Comodoro Rivadavia Corrientes
Córdoba Dolavon Dolores
Esquel Gaiman Paraná
Puerto Madryn Resistencia Rosario

Word Search: 13

City Word Search: Australia

```
B N X A E C B T X F V C Z S M V S
E H N C K D H N L H X G K V E G T
W N B J F S I T R E N A B S I R B
X U P S U Y I A O H D H V Y S E A
H P D U B D K Y L X B H S X Q C I
C S G T R N S C C E K Q T J L A P
E A N R I E V U I Q D N N R W M I
H L N R L Y B Y J W X A N E W Y
T O L B I T F K Y Q R E N L W P X
R S R I E A B H C T R A B O H Q L
O Q B S V R C G H A K O W R G B E
W D X O H S R V E N U R R E Y U Z
M W O F R A N A V R V A U G N N V
A R M O V L M W N I W R A D A B M
T N R J E C C E O T F K H K B U X
W O X R Z L C Y Y T F I M E L R N
V W J O P N K H R O S E F Y A Y H
```

Adelaide   Albany   Brisbane   Bunbury
Cairns   **Canberra**   Darwin   Hobart
Horsham   Melbourne   Perth   Sydney
Tamworth   Townsville   Warwick

Word Search: 14

City Word Search: Bahrain

```
B A L M A L I K I Y A H R Q Q P U
N B I B L Y T W I S A N A B I S B
A Z H Z C U D L Q A F K E A W G H
F H J T B J A M Y M A M X Y B I G
F M E L V A W U X A R K S I K O A
I T I Z N P M A E N A B I A A X M
R Y V F W C R H B A D G T D V B A
B U I A Q C X I J M P J R U F Q P
J S F A H D I J L A N R A B C D G
P I M N Y B I B Z I W P C G X S W
H R D U Q U Z I N W O T A S I E D
G J O A H N X S Z E T C C V K S L
N J B I L A K F O O D F S Z B F E
Q Z H B P I R X Y K A M A V Q J P
M Q S O T G T R M G M K Z Y E L Y
I W C C O Y D R A P A X W W K R K
C S A L M A B A D Q H K E Q H D A
```

A'ali   Al-Malikiyah   Arad   Budaiya

Hamad Town   Isa Town   Jid Ali   Jidhafs

Manama   Muharraq   Riffa   Salmabad

Sanabis   Sitra   Tubli

Word Search: 15

City Word Search: Bangladesh

```
G M W Z J B A R I S H A L K M B J
V Q A C J N Q Q F D E Y R B D G N
H A T R L A A C W P L T U O G F D
R G Q Z G G B G E K H U E G Z L F
O A N U M O A O N D C U C U U E Z
F O U I X O T N S A N U Z R S E P
N W O X S K T T B Q Y B M A N R B
P B T T H N B T A A M A L I U P A
D U L U M Y E T F H P B R P L H B
I V L N C H R M H N C P G A X L F
C N V B L U J S Y D U N D N N F A
A M W Y P C T Y K M A B H Q B Q U
X O S I M O R A X R I F A I D S Y
T R Z W R A J S H A H I K S Z L E
I A Q C O X S B A Z A R A I X X N
G G G Y Q K K A P O K O P C A N T
S L M A I R A B N A M H A R B N Z
```

Barishal Bogura Brahmanbaria
Chattogram Cox's Bazar Cumilla
Dhaka Gazipur Khulna
Mymensingh Narayanganj Pabna
Rajshahi Rangpur Sylhet

Word Search: 16

City Word Search: Belgium

```
T R E B N Z I L T L K N K B S R N
K O P O W T Z G N I O T N A R N U
D E U J C N P E C D E B K O E N R
D J V R W H K T G B U C Y Z I Q I
U K O R N T V U L N P M L J I L R
O K L V C A T S Q A A I W S W Q E
F G M H S E I S C N B B L J N N M
D O R P L L K J L Z E T U G B Q T
W U O F E Y B N S A F L N A L E H
C D O L S R A C E M A D F B T A U
Z E D E S C S G M G B A T U Y J I
T N U U U X T H Q J O R S S L I N
F B R R R I O H K G M C U E E E E
C U B U B P G E R W G X M G Z I N
U R U S K G N O K N H M C J E W D
Z G Y Q S J E C J C O X P V O S N
M C I Y B C T P B L C J X U G F U
```

Aalst   Antoing   Aubange   Bastogne

Bilzen   Bruges   **Brussels**   Diest

Durbuy   Fleurus   Genk   Lommel

Oudenburg   Thuin   Tournai

Word Search: 17

City Word Search: Bhutan

```
Y F D Y C Y Y L H U N T S H I Z K
U H P M I H T C W H I I X Z W H O
Z R A H K G N O J P U R D M A S U
U B U X U L P X M E N W Y A G F E
P S C T M J B Z O L G W P K S S R
T X I P O A A N N E M T V H T A I
P I N V U N O K N G X D X M L W G
N T M P Y N G U A G C M A C E C U
X I A S X M A S A R A S W T S J Y
D R J X H A U K A N G W X R T U C
O G A E E Q N H H K K Y A K A V L
F J Z J Y F J S P A A G B S G P X
O X O W D M Y O P M N T X B A J G
F J C C L Y M R U O A M M E M A D
F B B A Y P C H M J R D V O E Q O
T R A S H I G A N G Q Y T T P T M
B S G I G P H U N T S H O L I N G
```

Damphu
Jakar
Paro
Punakha
Thimphu
Gasa
Lhuntshi
Pemagatsel
Samdrup Jongkhar
Tongsa
Gelephu
Mongar
Phuntsholing
Samtse
Trashigang

Word Search: 18
City Word Search: Brazil

```
N M E T N O Z I R O H O L E B P A
Í G J Z S Ó S O N A Z O B M R H D
H P Ã B H A Ó J T H L H O R D F Ã
N L O U R O L E L U J F R Z R Z U
T E I R F A E V A V Ó A M F I Í L
É J J Í T R S P A S D Ã A J O T N
R A P B H O O Í U D É Z C É D U M
D Z Ã L L Ã A A L I O J E V E Z Ã
N E R M S A N L Á I T R I F J S F
A L S Í P A T Á E N A Á Ó L A T D
O A É S M F S A J G U O I Ó N A U
T T P J Ó F L O N D R I N A E É L
N R G V Á P A C A M É E I Í I J G
A O V A R A C A J U Z D É Ã R Z T
S F R É É R L Ã T T Á F S E O I I
A B B A N I L O R T E P I U J É G
P A J Z I T Z N B M O Á Z J R D Í
```

Aracaju   Belo Horizonte   **Brasília**
Fortaleza   Londrina   Macapá
Maceió   Manaus   Natal
Petrolina   Porto Alegre   Rio de Janeiro
Salvador   Santo André   São Paulo

Word Search: 19
City Word Search: Canada

```
U V H M C N E I R D R I A P F G R
D W W N D R O F T N A R B L I N É
R A S M R V A S K I I U E G B Y W
É T O U U T Y A É N O T S G N I K
P B V S A É M T D A K D Y H N I É
A G W O H L S O I B N R O N E T H
Y W U C O A V P U C A C I H O L R
C F G O M W W R S G C P I T M S S
H N P U U Q N A L U E E T C T I V
I S Y U A A M A U G N A B O S H M
L W K O B B C K R O W I R É S O O
L F G Y A Y E Y T A G O S Y U M N
I S A R D Q U L U V N N Q A C Q T
W E U Q S M I D E T W A S Y I R R
A C É I P M F Y O W C H V N U R E
C P B H A F L Q N N G G I M H T A
K L R H O R E V U O C N A V B N L
```

Airdrie   Brantford   Burnaby   Calgary
Chilliwack   Hamilton   Kamloops   Kingston
Montreal   Oshawa   **Ottawa**   Québec City
Toronto   Vancouver   Winnipeg

Word Search: 20

City Word Search: China

```
I  F  M  I  L  L  X  P  A  W  H  S  Q  M  X  L  W
N  O  E  G  A  B  E  I  J  I  N  G  D  N  I  A  U
N  A  H  U  W  H  H  S  I  Q  F  X  L  X  M  N  O
G  R  I  R  C  G  Z  Q  U  S  W  F  I  M  S  Z  H
K  M  W  V  G  B  B  S  U  Z  H  K  A  K  X  H  Z
H  H  M  S  A  Z  W  O  H  B  H  E  E  K  M  O  G
U  A  X  N  W  B  H  I  A  E  N  O  N  O  T  U  N
O  B  Z  U  U  Z  N  X  A  W  N  Y  U  Y  N  H  A
H  G  X  N  G  H  S  I  B  H  C  Z  S  R  A  I  U
Z  V  B  N  U  S  C  C  J  H  G  X  H  J  M  N  G
U  J  A  R  L  E  N  G  E  N  A  N  G  E  Y  F  G
F  H  I  J  F  I  L  E  N  M  A  R  A  K  N  R  F
O  I  L  V  N  Z  C  F  V  A  K  I  B  H  L  U  Q
D  T  G  G  A  L  M  Z  H  N  H  K  T  I  S  I  V
W  R  B  V  U  N  K  E  V  H  C  U  Z  N  G  Y
T  O  Z  V  E  Z  O  Y  A  P  J  I  A  R  N  J  P
I  M  G  T  T  X  C  H  X  Y  T  I  V  U  K  S  C
```

Beijing   Changchun   Fuzhou   Guangzhou

Hangzhou   Harbin   Jinan   Lanzhou

Ningbo   Shanghai   Shenyang   Shenzhen

Suzhou   Tianjin   Wuhan

Word Search: 21

City Word Search: Croatia

```
X A O X V K X K R I G O R T K Y M
J H J T I K I F N X Z A G R E B
E D M O Z U N P T C H Y B L H A U
R O W V P T F Y I B P A M S K J P
J Q R O C I V A C L L H W A X Y D
P D Y P A N K A J O N S R L I A T
Y X S L V A I K S T O M I R R N J
O I Q A O K Q M J L N U S U A N I
L F A V K M I D I U D O V J F Z J
U I H E N F Z N G V T A Z O P U F
Y X Y A E Z V J V F R D D I S M Q
Z R N H B I U A K O L J N Y F M E
G K A S T A V D Z K R A V A O K U
H D W P D E F A K Z R B Q L L H L
O C M W X Z F O N C X L U J D G G
A N I T A L S K K E Z C U D Z S U
V O R D A C T V M T C E U S S F C
```

Bakar Benkovac Daruvar Dubrovnik
Imotski Ivanec Kastav Kutina
Lipik Slatina Solin Trogir
Valpovo Vukovar **Zagreb**

Word Search: 22

City Word Search: Denmark

```
N O P N C J S E E U G C V V H D G
V U D N O Ø K H T S N R E Y D F G
A F O E J T V I I N B Ø O I T G O
H I L G P O V A G L C J N B A Ø Y
S B K A F Ø C F Ø D L G E I Y D A
K F L H A T G E J F R E C R D N R
I G Ø N F U E V F O Y I R Y G R D
R N L E Y O O Y S T R A A Ø Y P R
E I A P R U K K H E A A R F D U O
D N T O S O I A D L R T N J V J R
E R Ø C L L O E B H E N V D V C B
R E B D D V R O U B E A U F E L E
F H I E R F R S N D P L S E G R T
T N O E P G O G R O B R E D N Ø S
G T U V J D T S C B O I D P D R L
H F O D E N S E K E S Ø V Ø S Ø O
A J R T U I E O I H B C H A Ø J H
```

Nyborg
Hillerød
Roskilde
Randers
Aalborg

Holstebro
Frederikshavn
Herning
Esbjerg
Copenhagen

Fredericia
Sønderborg
Kolding
Odense
Aarhus

Word Search: 23

City Word Search: Egypt

```
V X P Y O P R T Y P R R N W W H N
R T R E L T I S P O L H T B H H U
A M H Z V N I R K O P H N M L E C
R H I S M A I L I A R O Z I W S M
D A M A N H O U R Z R T A Z A Q F
X R K N N X M M T I Q L S T Z A S
A A O A M J E E A J E K T A D P S
G I W X L B I C M X U E F A I E N
L S O I U L U V A O I W H Y S D O
A J M H C L Z N S M A G B V C M S
O R A X X K D E A R R F A D Q I S
Q Z N A O R D D A U C A S W C N M
C G S A I L X D H H T I Y J O Y A
N Y O A Z X Z N Z J T Y U G V A S
Q H U P W I D K H D L U T O U P S
E X R R J R G O Q A T M U O B Q V
H M A Y X N S Y Z M U M J K U G Y
```

Alexandria   Aswan   Asyut   **Cairo**

Damanhour   Damietta   Desouk   Faiyum

Giza   Hurghada   Ismailia   Luxor

Mansoura   Minya   Port Said

Word Search: 24

City Word Search: Ecuador

```
L T W Q O T M S X N U M P O O G C
L E B L E M M F M A I Y J G L U Y
N I A D A A H T Y L O E N W W E T
H R C K C A E D A H I I R G A Y M
E G X H R H J G J V M O T I U Q Z
C S A R L A R M O O R H O L O S Z
L L A Q U O E T D O L I A A H L V
A B S E R R R O T L Q T H L C I H
I I I Z I O T A O N A Q X N Y O Y
U P S A P N B J O C C K L Z Z U C
J L Y N A M A I U Y N X N A Z V K
C H R S A S P N K A O M R R X L Z
Z R C U U Q G V R K D H A X H Z U
C M L T F A C U E N C A A N L P W
I G X T C B D W C U Q M S B T M R
M W M V W V Z R S R R T U E A A L
S W P H X G U A Y A Q U I L V B F
```

Coca   Duran   Milagro
Babahoyo   Santo Domingo   Ibarra
Manta   Machala   Portoviejo
Ambato   Latacunga   Loja
Cuenca   Guayaquil   **Quito**

Word Search: 25
City Word Search: Finland

```
N K R K M T L P H I K Y E Y K H S
V N R H M Ä P O M J U K Y H S J N
I M U P E E L A V V I T A L I T O
V K K P L J Y I I U R V S H A L L
J T U J I H H U K M I R H U N U L
A O O A U K O K P S I S O K U Ä P
R I P A T T M R V J Ä O A S M K A
S M I R E N R U T U V V N H R O V
U A O M O I A T T U A E Y T R U H
H T J Ä M V L R L I O N A J E V T
A R U K Ä H A P N J K M Y I L O S
M A S L E H O N Ä E P N T R I L A
Ä E P Ä U R S K I E E P I I Y A H
R R H I V O O H R E Ä P R S H L H
L E K O Ä V M E U L M E P P L R K
I O O Ä N Y Y T A A A I T A K E K
N Y T Ä M V O O P S E S O U L L H
```

Espoo   **Helsinki**   Imatra
Joensuu   Jyväskylä   Kouvola
Kuopio   Lappeenranta   Loviisa
Oulu   Paimio   Porvoo
Rovaniemi   Tampere   Turku

Word Search: 26

Country Word Search: France

```
V H P O I T I E R S M E G K T R S
S V U P T D L T U R B E M B L G E
Q E V P K Y W B R M Q R A G Y L T
Z P N S O T F O P C R S R B G W N
T A N N F O A R G L A M S Z L K A
K R P E E T G D B C O I E Y J J N
O I U S M R C E P Y J E I E O P R
T S Q H Z F L A C O H R L Z G Z Z
S O J Z P M Q U Q U X S L A U Z S
L S U J K E D X L H S B E W E G R
Q B W L S E L L I A S R E V P Z I
F E Z E O E T K L E R V A H E L E
S Q J C R U V I L M A A D L H X H
Y O H I Y Z S C E A R R V W J S O
H Y R N Z Z K E J E W T I T D E T
P O O Z A F G R U O B S A R T S X
F K H W M O N T P E L L I E R F Y
```

Bordeaux   Le Havre   Lille   Lyon

Marseille   Montpellier   Nantes   Nice

Paris   Poitiers   Reims   Rennes

Strasbourg   Toulouse   Versailles

Word Search: 27

City Word Search: Germany

```
T O Ü L F G T U U Ü R O Z T K I L
Z R O M M H Z Z R K M K F E P M L
D P M H S T A U G S B U R G H M E
C H F L D G R U B M A H N L I C T
F N Z D L S S H F K P T C I G Ü O
N I F Ü E P T C E R P Z O Ü C Z U
U L B U F R U D M I A C P P L H E
H R Ü S E K T I Ü I D N C O T U C
O E Z M L A T P E S E E K D Z G Ü
Ü B I U E N G O F D S H L F Ü U D
C R E L I H A I G O O E N B U I T
M S N I B G R B Z F R R L N E R Ü
U B G C L R T A Z P K Z T D A R T
H R O P G Z O R U A I B H M O M G
I G L F K P G N F E G E N E U R Ü
T D O K G H P Ü N I E B L H I N F
O N C O A C K B E A N F F A F M D
```

Augsburg **Berlin** Bielefeld Cologne
Dortmund Düsseldorf Frankfurt Hamburg
Heidelberg Heilbronn Leipzig Mannheim
Munich Pforzheim Stuttgart

Word Search: 28
City Word Search: Greece

```
S A E R I P Y T W R C H S Q R M E
D P W T F C E W J M E J N D U M G
S A U T H D X N M I D T S V Z V W
H W M H E E A P A X M E H S R T W
C L G L V F S H J S N N K I I L M
R H C G P F T S P R S N J J M E M
Z H A L M N M B A P S I H F U N H
F C I N I D F H D L C I R N Z P O
S O P R I Z C K X Y O U C A B J N
N J O Y E A V A I Y A N I L L U R
O C Q J A D J B Z E N N I Y A U V
I O S A R T A P D F I Y S K H H F
N A V I T U H E K R N V I A I P C
I K V K L Y S E E H N J E W K Z V
R X S B D S X T N F A Q G I S K U
G O L C A T A I C S O P G S G E D
A G X N H K M R W M I G X H A B E
```

Acharnes   Agrinio   **Athens**   Chalcis
Chania   Corinth   Edessa   Ioannina
Katerini   Larissa   Nafplion   Patras
Pireas   Rethimno   Thessaloniki

Word Search: 29

City Word Search: Guatemala

```
Y T U S P U J H G R P S Á Y L O U
O T L E N H H H M P O G Z O Z Q T
M G I M L I U X G L S A I H E R Á
E Z N C N U C H O T C P O Z J I G
Q Á Á A A Q H L T A R A I N A S I
C M P N N L Á L P L Q I T I L O O
Y M A Á Y E A A A S P T H P T C M
G R C L Q C T M L T L U X X N R I
E E I T Q P J L E U E J R J I A X
O I N I M J A O A T M R M P U M C
L Y O T A P L N Q Z A I R Á C N O
G H T A C Á A Y M I T U U X S A A
I Á O M T H P M N S M E G Q E S S
R C T A I J A N L Z Y P U H I G M
J M Q E H Z T L Y H G G M Q G H Y
C H I C H I C A S T E N A N G O C
P C H I M A L T E N A N G O O X I
```

Amatitlán
Chiquimula
Jalapa
Quetzaltenango
Sololá
Chichicastenango
Escuintla
Jutiapa
Retalhuleu
Totonicapán
Chimaltenango
Guatemala City
Mixco
San Marcos
Zacapa

Word Search: 30
City Word Search: Honduras

```
T X G V I W Z T F Y Q C E H T N I
T R P O D Q K O M M S A I C A R G
E W U R K F E A C E C Q Y M V W B
G B L J T Z B T S O K Y Q H E T Y
U F N U I I R J A O T M F L S U N
C G T A E L L H N U N E P M S B A
I K E C N R L Q P C G R P C K G C
G D A H L Q I O E V O A A E B M A
A L Q O J R A S D G G R Y S Q M O
L O P L L B B M R I A X W A J U M
P Y Z U A R G E O N G D P F M I E
A C J T L A S Y S L G C S R G O E
Z D U E I O V I U G O V U E T Q C
Y F U C M G E G L C S H Y Y B D V
B C S A A U Y H A T T Q C O I Q K
O M S E T R O C O T R E U P J O D
A Q J U T I C A L P A H Z T W H R
```

Choloma
El Progreso
La Ceiba
Ocotepeque
Tegucigalpa
Choluteca
Gracias
La Lima
Puerto Cortes
Trujillo
Comayagua
Juticalpa
Nacaome
San Pedro Sula
Yuscaran

Word Search: 31

City Word Search: Hungary

```
E D R B P K A I U Y C G R C S E I
G Ő Í U É V B U D A P E S T Ő L R
N U A F I T C Y S B P É M N R E Í
K S U Y F L B C R K B F Y D G É F
A R Z I I P É L O M U Í M E R N L
P É C É T P C C T G R E M B E G Á
O G L F K D V K E E M M I R H T B
S B O M S E P E G G G M Á E G Á D
V Í K K T Í S Y S Y L Y C C G H H
Á Í S H Í É H F Ő Z H É L E H P Í
R D I T C Á M R E G P G D N G U E
H L M B Z R E E U H U R A O V É R
S C B A N P P O K U É K É S T A V
Í N O R P O S Y P S S R R M E P S
K E Ő K E I I Ő P K C Y V I Ő B R
S Z O M B A T H E L Y E N Á E U S
L S Z E G E D D S Ő É O K U R S T
```

- **Budapest**
- Cegléd
- Debrecen
- Eger
- Győr
- Kaposvár
- Kecskemét
- Miskolc
- Nyíregyháza
- Pécs
- Sopron
- Szeged
- Szombathely
- Székesfehérvár
- Veszprém

Word Search: 32
City Word Search: Iceland

```
H J L A Y J N S E O S Y Í G Ó G I
Í H R I Ð A T S S L I G E T U D S
Ú Ö Y O R V Ú Ö A E K U O K Ú N V
Ó K P Ú U N H S P J B F J I Ó H Ö
Ö Ó R U Ð R Ö J F U L G I S R U R
O P F K R E R E Y K J A V Í K U A
Ó A U J Ö A K S Í I Ú J A V D K P
P V G I J B G T E L R Ö T R Í I S
D O A Ð F A Ð R P N R Y O U J V R
A G K R A D O S I K R J E I G L F
A U Í E S R V F B N F A S R T A H
K R V G Í A G Ó D R D S G B U D O
R G A A K G J V A A O A R R Y K Ú
A H S R Ö Ó Y N E F Ö U V S O R A
N K Ú E R Y F P L N Ó H V I U B L
E L H V O A K E U G E J Í S K L L
S S D H H R S B R O Ð S R G V J D
```

Akranes
Dalvik
Grindavik
Húsavík
Selfoss
Akureyri
Egilsstaðir
Hafnarfjordur
Kópavogur
Siglufjörður
Borgarnes
Gardabaer
Hveragerði
Reykjavík
Ísafjörður

Word Search: 33
City Word Search: India

```
Q J C H E N N A I I J M N V K O A
S I A B M U M M F N T Y I G O X G
G F M A R G A M N J C S C T R K K
S H Z I U R R A Z X A M E T D N H
B O B J T K T G M K Z J U K V F Q
E E J A W I T Z H R K O L K A T A
N D S I A W G A A A I E I W U J B
G J M P U A P Z H R Q T D A Y H M
A S K U K A O M D Z W P S N G U E
L W K R T B E N O A C O U A S P Q
U D S N E D R E E X B C N N R X Z
R R A H A Q R U J W N A N K E H N
U M H B S Y U H P D D T R W C N V
C D A S Y J P E W G F E M E Z U T
N D O A P Y N X L G A E L N D O L
G D K M D O A C I C Y N V H C Y K
L U Q P G B K Z I I H H Y S I X H
```

Agra
Bengaluru
Jaipur
Lucknow
New Delhi

Ahmedabad
Chennai
Kanpur
Mumbai
Pune

Amritsar
Hyderabad
Kolkata
Nagpur
Visakhapatnam

Word Search: 34

City Word Search: Indonesia

```
Y R G A I K N J I I F K Q X B S C
G Q B N V J K Y M N H A U W K D Q
N N X V U Z J V I H I C E N H Q L
D Y A I D D M U I I D U A X R H D
H L S R A E N E R Y I D Y I Z F W
R O N Q A G B A D A N A A A L M U
E W L C R M S N B A L T B M H A R
P X M S I A E G D P N R A U P K A
P P K E P O V S X U W A R N D A B
G E A N N M C I K J R K U G L S N
A W E L A J A K A R T A S E B S A
K D G L E L H Y I C W Y X R S A K
I H A N N M A B B L G G H B Y R E
B N V V A P B U A A Q O C I W A P
G V B T U D V A O L T Y C C B R R
D X C R D Y A K N X E A K I W E I
O D A N A M M P D G N U M B W B Y
```

Bandung   Batam   Denpasar   **Jakarta**

Jayapura   Makassar   Malang   Manado

Medan   Padang   Palembang   Pekanbaru

Semarang   Surabaya   Yogyakarta

Word Search: 35

City Word Search: Iran

```
N U X C R I O N Y W Z P N E Z J P
W A P M H A U N A V U E O A U D H
O D D T U A S S Z J S I V M H I G
N D A E V D H H Z L N H F P G U E
O A C B M M J S T A A A I X R Q Y
W B H R A A J Z N U R S Z A O A M
P A Y C E H H T X A D I V O S Q Q
L M P C U X A E Z L M D H U T C O
A A R A T Q K M V R L R J S S I M
S R T Y C S D O Q A V Z E P C H F
I R S Q H A N V Q T P I C K N E F
T O Y R H C N Q S H P R C Y V H B
N H G H V W Z Q A S M B S W U G M
A K S H K P K M P U C A P K P A S
X A X Q X G U J I H M T G K W R I
M D H E K P O H C S C O I T U A P
N Y V N A R H E T E M V I S V M Z
```

Ahvaz   Hamedan   Kermanshah   Khorramabad

Mahabad   Maragheh   Mashhad   Qom

Quchan   Shiraz   Shushtar   Tabriz

Tehran   Yasuj   Zanjan

Word Search: 36

City Word Search: Ireland

```
O U D K T N I B R H J N T C L I E
G O P U L T G T A T I C V A H M B
I L F Z N C K U H L N Z O S Y J D
L J J D Q D I R B C B T A H N P F
S D U W O X A U O H Z R I E X L K
G L W K Q F D L B C V W I L M K D
W A S K N R B W K Y O W V G I K J
C H L F I R K I K L Y A W L G T V
S G K W B R A Y R D E T K S D A D
N U C L A L U A B E H E F K E A N
O O I X Y Y C X F M N R P C S S Y
T Y R W K E P M D N W F X S G B V
E F E S N F H J Y D R O G H E D A
L N M A T C K O T M L R Z S B H D
D K I R L Q H O R A J D P I X N S
I M L S G G E G D Q T P K O E V P
M C B G X E J Y T T H I E S D X C
```

Balbriggan   Bray   Carlow   Cashel
Cork   Drogheda   **Dublin** Dundalk
Galway   Kilkenny   Limerick   Midleton
Sligo   Waterford   Youghal

Word Search: 37

City Word Search: Italy

```
B S Q Q I S G Q U I F J I J F Q C
S W G G W H J B C B L L R Y E C U
G V M D I S V G X D O F A N C Q C
U E U N A P L E S T R Q I A G H W
N Y F Y Z J I X G F E W L L R I F
Y C O F K Y B S E K N B G I O E P
A B O L O G N A N Q C C A M M S S
T C A R P I J E O F E O C C E S V
X Z G T Q O O W A B R X A V J Y R
J T P A K V M L N A R T Q E P Y Y
D M Q V E K R Z D A Q O N X Q N
N M N R J K B E N N M F I U U C
W B O I Y W A U I L P M D C C V W
M N W V R T P A C A A D Y E A M Z
A F Z B A U S P R K K P M W P M I
J O D C K F T M R X R K K T K C Q
U F D Y N T A H F T J P K O X I S
```

Bologna   Cagliari   Carpi   Catania
Catanzaro   Florence   Genoa   Milan
Naples   Palermo   Parma   **Rome**
Turin   Venice   Verona

Word Search: 38

City Word Search: Jamaica

```
V Q U O L A J Q N Z T W K S H P L
Y M S P K T Y Z A O O J P N P I I
H Y H Z M O A S F G T A C I M S K
T V A B D Y B L Y A N R L K N G A
Y B L D L W O M A I L U A J E N N
O L L E J V G L S Y G M E W O R N
D L A L E U E H P M O O O T E F O
I A Y M Q Q T K O V T R S U H U T
S Q E X W O N M R B N I T Y T K T
J N F T W B O M T X L H U R I H O
P F T N S O M D M R N L C N O Y B
H M A A A N U V A P X C G N D P A
H N W V L H I D R I W S H V Q I Y
W R W Q D E C L I G T K M W P Y N
E R O M T R O P A O G B H K R N M
J S L U C E A W N E U G A E N O M
O F O B P M A N D E V I L L E Q M
```

Annotto Bay   Darliston   Ewarton   Falmouth
Kingston   Linstead   Lucea   Mandeville
Moneague   Montego Bay   Port Maria   Port Royal
Portmore   Spanish Town   Yallahs

Word Search: 39

City Word Search: Japan

```
X L I M Z P U M N I N O I L N B P
E B K S D K H I A F A Y C A N T S
X S T Q U G I M Y A C D G S A V E
E K Y O T O I J N F Z Y N D G C E
B S I V S H F H O Y K O T E A E K
W O T L S J R A Y I M O N U S T U
Q W D O V X G I R F H E U L A Z R
F D R G F I R X U O P C Z Q K X C
W I M I K L T W R W S W A B I M V
H J O B M T Q O I Y C A C H A C Y
N A G O Y A P Q O A Q E K T N P N
N C W H D P M K F S G H S A I E A
F Q P C A C O I R C B U G L L B X
G D P S U H U W C X E J S B Y O O
M F L H A K A N A Z A W A A N K T
B D Z M W R F H I R P T J O K A J
O F A B K E U Y A Z G O W T R P Q
```

Hachioji   Hiroshima   Kanazawa   Kasugai

Kobe   Kyoto   Matsue   Nagasaki

Nagoya   Osaka   Sapporo   Sendai

Tokyo   Utsunomiya   Yokohama

Word Search: 40
City Word Search: Kenya

```
R L K Y E Q Q Z U G U R H M U D A
R L T S D N X L W A E N A B T J E
B M N H F A V C C N Y C Y Y J O P
T B J A D I L E K F H A K D A X W
H E Q R K P A O A B I D R A W Q
N E R E E O M F K H T P N E R Y B
K L O O P B R O Q U D S F L I F A
Z L J K D I S E I C D V J A J H J
P I N H I L Y B K L A X E T A T U
S J D L C S E L N T I L S I W X R
V O G N Q V U M P M J I K K A J U
T D H F I R R M A W O L M S P H K
L R W K C L O R U R N M S J A Y A
F P A G E M A K A K A I B G X E N
Y G H H T A O M S J R L J A J F U
K Y B A I M Z O N A Z B A G S L G
E T V B U S I A G J F K I L J A P
```

Busia   Eldoret   Garissa   Kakamega
Keroka   Kisumu   Kitale   Kitui
Machakos   Malindi   Maralal   Mombasa
Nairobi   Nakuru   Wajir

Word Search: 41

City Word Search: Jordan

```
S M B W H L S F B D I H S E U O X
Y F V R N K I A S A Q R A Z I K J
P B M A F R A Q B N P R C K R V F
W D M W S I S E O A G O D C B J A
T M M J T H F L I W Q E L V I N Y
A E Q Z E F O T M Y W A L Y D B D
Z Y R K L R L W U A E P S O L K O
M Z C U K A A L G S X W E E C K U
A X X V S A F S Z K D L D O Z H N
D U Y S P S Q W H C C P U O A S V
A Y A Y G T E G X H Z H E Z P A N
B V V K P E T I N D C K I G P H K
A Z L Z U P A B F T C J L Q J A T
U A E B S D L Y C A L S W C W B E
G A U Q B V L W K A M B N D Z S O
Z I Q X A O D N J R I R A Q J U M
D V W L O N W P E U R N W R O F A
```

Al-Jizah   **Amman**   Aqaba   As-Salt

Aydoun   Irbid   Jerash   Madaba

Mafraq   Russeifa   Sahab   Zarqa

Word Search: 42

City Word Search: Lebanon

```
J A N A M M U O R B A T R O U N J
D O S B A B A S K I N T A G N O I
É J U G K D K P R K N Z G A É R M
Z A B N H Z K Z Z H A I Y G U K U
B O É O I H Y Z A I B P H S É I D
U G R T É E H G Z D A S E É S A E
M R P H Z H H H É D T N S R K K B
G Y S Z R A N R Z É I É K G E E A
Y Z I O S K H D G T E K M T N B L
A Z D U A Y J L H Z H S Y Y H L G
U B O I B T T T É B S R L P O A E
B G N Y L Y R Z D L E T L B Z A I
P T B E N O B A U Z K G U Z K B L
T É I L T Y P L H B J Z Z R I Y K
P H Y A M J E I O G P L K B I S R
K A A R E E É P R S Z M T Z E E H
L H E D I E D J É T S M E A H E B
```

Aley Baalbek Baskinta Batroun
Beirut Broummana Byblos Jdeideh
Jounieh Nabatieh Sidon Tripoli
Tyre Zahlé Zgharta

Word Search: 43

City Word Search: Lithuania

```
R U E O V N M Y L K L A I P Ė D A
U A V N Y V J A D P R O J N Š U I
I Ė Ž E N G Ė B R O A I Š U D U A
T A Ė I A I L U A I Š Z D P M V I
Ė L I V D U A K S B J E O E P O Č
E P K A Ž Č U D I A S A R A Z D Š
V O Ė J A N E T U T B E M L S Ė K
E I Ž J K M V K M V M Ž K P R B Y
S G S Ė Č S P S O A I Ž S Š O Ė N
Y V G A N Ė O D G M Ž L M I D L A
Ž K R T G R Ė P R J Š E N A Č K Ė
Ė J E I J I V I Z Z O Š I I S I J
V Š Č P K Ė N Ė T N S N M K U K D
E K B B K Y B A R T A I A Y I S G
N Č S A N U A K S S R I V V T A Y
A N O A D R U S K I N I N K A I I
P Z Ė G Y Z K O I S S K U J R A Č
```

Anykščiai   Druskininkai   Jonava   Kaunas

Klaipėda   Kybartai   Marijampolė   Mažeikiai

Panevėžys   Skaudvilė   Utena   **Vilnius**

Visaginas   Zarasai   Šiauliai

Word Search: 44
City Word Search: Malaysia

```
V W C U H Y R H T J W J N T P U Q
P L K O V M F L Q E Q N G S I P T
O F P P E T A L I N G J A Y A U T
X I N C G T X F S H C Q T X T T
U U R K O T A K I N A B A L U R D
R Q I F L J Z W B Y A Q H K I A D
H P M P R U P M U L A L A U K J A
A S G K I Q U H O T Y K Z G A A N
B S H I N M R R W A T D V O N Y W
R E K A N A S D W L C A X G Y A O
O K N S H E B Y S N O C P O L A T
H X F Q T A L M K C A L A M R Y E
O Q J A A G L C E Q L T T L U E G
J Q R X D M K A G R Z V N F A T R
I Y Z C W Z J A M I E T O A M M O
I E D N Z R M I Y S D S F K U L E
X G T M K H B X G N I H C U K K G
```

Alor Setar
Johor Bahru
Kuantan
Miri
Seremban

George Town
Kota Kinabalu
Kuching
Petaling Jaya
Shah Alam

Ipoh
Kuala Lumpur
Malacca
Putrajaya
Tumpat

Word Search: 45

City Word Search: Mexico

```
S N C I U D A D J U Á R E Z Y A P
E N M T R Ó T M Z Á X T Ó T N R A
T G Ó X N I C M Ó T Y A Z L Á T L
N N I E J L D L O O C N L R J M R
E S O U L É A Y X R É C Á A T Ó S
I U A U Z C U C E T E Ó S R P L L
L N G T L L A A A R Y L I A G A N
A J M R Z C N R C P R Ó I T Á I X
C E D P A A L D A U U E I A R R L
S S I X A P G Ó J J L L T A O X R
A G A I N D O O C N A O C N D Á G
U O D Z C C I A A C O L T O O N U
G E M O I J M R I U J É A S Á M Á
A C L P D G É X É T T J R D C R I
E U M L Á C E Ó P M Z J É P A P D
L A D E S M E X I C O C I T Y U U
T É S D Ó Z N L A Ó L Á P N P E G
```

Acapulco
Guadalajara
Mexico City
Mérida
Tijuana

Aguascalientes
León
Monterrey
Oaxaca
Toluca

Ciudad Juárez
Mexicali
Morelia
Tampico
Xalapa

Word Search: 46
City Word Search: Morocco

```
N E E S S A O U I R A V F I W S V
G H A S M R N H C S Q N D N F V J
L C C I N E L U M I I M N R G S I
X A R A V S Z B C D A R X F T R W
V R B I C E N D E S G U E R C I F
W A W G Q F K Q E Y E O J A D I D
I L E N I R Z F Q U P Y H A M T N
C N H B N O S F I Y O H C V K M R
N A O O X U U A H Q X N S Y P D Q
P U F M M E K N E S A T I Z N I T
R O N K F H O T N L U G J B K Q X
C T Z R A N A S B D L Z Z I S I G
S E L A D B M A R R A K E S H O A
V T L Z A M S K M K G C W I I D Z
F Q T R I A E U Y K E N P J F R Z
H M F O C F H P S G W D E J Q A Q
R L Y U D A L H B Y M B P R Z A S
```

Azrou Casablanca Essaouira Fes
Fnideq Guercif Larache Marrakesh
Meknes Oued Zem **Rabat** Safi
Sefrou Tetouan Tiznit

Word Search: 47

City Word Search: Myanmar

```
R T M A N D A L A Y J Q J T U T O
T I E W A D Z O F Y W N N V T X Q
N L D O J A I Y V J F F C L E O H
G I G D M X Z Y N T M A G W A Y C
P D E K V J B F L Y D T Y R S G B
A N P H R E K Z E W T T I S W N F
K J E T T V D M T A U N G G Y I B
O L Y N R A Y F T D D V C J U M F
K Q B Q S E P Q L I E T E B K X
K P Z R I L I N G Y S A B I H Q R
U O B K I H Z Q A P L A W D N U M
E V G T N O G N A Y S E T Y P W U
G L Y A C I B R B A G Q V S N X T
R V Q T B X J O R N D N Q C I O E
Y W M C B I K N G I B C S I S W R M
W E N I Y M A L W A M F S Y D G A
G N I A G A S N A B Q D R F M P S
```

Bago   Dawei   Magway   Mandalay
Mawlamyine   Monywa   Myeik   Myingyan
Naypyidaw Pakokku   Pathein   Sagaing
Sittwe   Taunggyi   Yangon

Word Search: 48
City Word Search: Nepal

```
Y R S F D J A P R G Q W K N E B N
A N N H F N R P H U I I N Y R K P
U X E E R U A L H H P A Z L J K G
N C L Q C G H P H A R T X H A P V
N X B V J R K Z M A I O A T E G S
C G F I S I O S H M Y A H R Q E R
B P J N R B P D R Z B M Q M A U F
E W O E I A K A D U A T E H P H Q
Q X O P D Y T M B N P J O T O C B
H G C A N W P N D R A A I Y E E F
I S O L B T I U A N U L T U S J D
G P G G C H G N A G A P I K I Y L
L H E U F S Z K Z L A K I K A A D
U E R N Z W P S M Q D R A S X H N
T H Z J W U O I T A H A R I L I B
B X B I R E N D R A N A G A R U I
C B U T W A L O L Z W U O U F E T
```

Bhaktapur
Birendranagar
Dharan
Janakpur
Nepalgunj

Bharatpur
Birgunj
Hetauda
Kathmandu
Pokhara

Biratnagar
Butwal
Itahari
Lalitpur
Tulsipur

Word Search: 49

City Word Search: Netherlands

```
Q T E H N E E N S C H E D E W T O
C G M U D U N E D I E L L R N H B
M L J P I G W R M L R O F A D C U
H F Y A O A N B E R Z D L L C E F
I B C C E H W E Y E D G A M Y R Q
S A Z E V E G U V H M B C E T T P
M N J K N H E R L O H R E R N U K
B J S Z S T G X O B H E E E S V P
D O R D R E C H T N O D V T P Z A
A W E A Q X P K U N I A N O E M H
D H N F H Z P V E W A N A I S O Q
G A X M S F H G M E B W G T E T Z
Z A M A D R E T T O R L E E Q C D
F R D E U M T G C P L R C F N E R
R L M U J N X Y T O D O E G L M K
G E W I C E I E M A A X X F R M J
I M N W X G H V M Q U L T P Z H O
```

Almere   **Amsterdam**   Breda   Delft
Dordrecht   Eindhoven   Enschede   Groningen
Haarlem   Leiden   Nijmegen   Rotterdam
The Hague   Utrecht   Zoetermeer

Word Search: 50

City Word Search: New Zealand

```
D D Q M D W Q R S G N I T S A H E
Q N P N W O T S N E E U Q C V K I
I G A K I C H R I S T C H U R C H
E B D L T D V I M A H H Ā Q T L N
C C H I K B N I R N W U P V L A I
T S A Q C C A Q N R Ā T C I I W H
P P W Q U U U O W H A N G Ā R E I
Ā Ā U L R U T A V A C R D T Q L P
O P L O K C A R S U A E Ā T H L L
B G T T I O B U A C N A N A R I N
G O E P C H U S R R U A M D A N O
R D C R O R Q E O R P I P W H G O
A W H E G C V B I I L H A B G T E
Q I W D V N S R E T W S V Ā S O C
A U V C I I O R O H G B W B N N L
U E E S G P V N N O S L E N S I Ā
V W Ā D O T A U R A N G A K W G Ā
```

Auckland   Christchurch   Gisborne   Hamilton
Hastings   Invercargill   Napier   Nelson
Picton   Porirua   Queenstown Rotorua
Tauranga   **Wellington** Whangārei

Word Search: 51

City Word Search: Norway

```
R K T H A L D E N A I H G A I D S
N I A J T O O A T B Å S L J O G D
R V L O N S I R R N T O E F R N D
N R L L D F O A T A I L R L A T F
R A O K Å N B F V J A E J S K H R
A N H K D A H A O D M R N A J A E
M B H H V T H N Å N M N A S D H U D
A M E J O G Å E A D I I U M A G R
H I V H E N R H F T N K F Å F E I
M J Å R N A E I S R O U L J K S K
B G F R O L J I I M T N S N R U S
V F L L L D R R N G N I E E G N T
I G S I V K K G L D D M O Å L D A
I O L O D L O S E E M G D I G Å D
Å D R O J F E D N A S N T E H V V
K A J F H F K F R O V N S M A B
B J I H M E D D U B E R G E N B E
```

Arendal   Bergen   Drammen   Fredrikstad
Halden   Hamar   Haugesund   Kristiansand
Lillehammer   Narvik   **Oslo**   Sandefjord
Stavanger   Trondheim   Ålesund

Word Search: 52

City Word Search: Pakistan

```
W R T H D A B A R E D Y H D N W E
T U S G R R F A I S A L A B A D P
I K J K G A U P P F S F M B X J S
G K T A R U G P J B Y Q A Y R K G
S U Y R P T J R N H O Q Z Z X I N
H S C A J H P R A A E Z E E B A S
E S K C C X F X A F H L B G T H R
I H A H F J J U M T F K U L Q T H
K K R I K W Y U F C C A U M D R K
H R U P L A W A H A B M Z A H W L
U J C B F D U L O H H S B U R D L
P D O Y K O D H M J I A Z C M L A
U Y W G C I C A O A M V M J F U R
R H G O E U J W L A N F K I E S K
A E R O H A L K L S N K K B N A
C X O W E X O S K W F Z R Z F E N
A B L W A T I C J D I T O V L H A
```

Bahawalpur   Faisalabad   Gujrat   Hyderabad

Islamabad   Jhelum   Karachi   Khanpur

Lahore   Larkana   Multan   Muzaffargarh

Sheikhupura   Sialkot   Sukkur

Word Search: 53
City Word Search: Russia

```
O N L R T P Y Q K N S T V M O Q Q
P Y A U V G T X O A H U W O V G G
S A L G U T J H M D C N X S O A M
A A F T R R R P K A S W K C L S E
T E I H A U Q Z J G O V R O G T L
V L R N W T K R G A M B R W O R M
G O V T T N R A N M S C K S G A L
P O R A C P W I P M K A W I R K P
B T R O L X E N O B H R E C A H K
Y I P C N S U T K M P A W J D A L
K W E K B E O Y E L W M F Y T N N
S L N Q L H Z R R R I A Z U Y T D
T P Z O N M O H A J S S X Q C H N
U Y A V A J M S L Y N B X L L W L
K Q E D Z W R A N O O B U J R E R
R X Z H A H E K X G H B D R D Z D
I H U D K S P B X F I T Q R G U D
```

Astrakhan
Kurgan
Omsk
Saint Petersburg
Volgograd

Irkutsk
Magadan
Penza
Samara
Voronezh

Kazan
Moscow
Perm
Tula
Yaroslavl

Word Search: 54

City Word Search: South Korea

```
S I Q T Y N F D A E J E O N U N J
S E S C T O F R J Y M O K P O S I
O V O N R G N S I E I S U J N O W
Y P S U A Z K S G I O C T E U S I
C X Z Q L S N M O N S N E T C E X
G M W U N O N S Y O R G J V Z D J
E H R A E O R A A E E D N U H C C
S N S H U W F M N H X J F A S Q A
F U C O Y H W W G C I V Z K H I I
B U K D R W F C S N X B I V W O I
B X I C I J U S I I G C D S F X P
K Y S L L U T J U K W P E A G D J
H H N U Z D B C G E S O T V Q Q Z
P A O L J W K Z N N D A I V B D
F D W S K B D U G E A D N O B C X
W T U A V T P I W D T W Q S S K N
W K S N E W L I T C V W G I I H S
```

Ansan-si   Bucheon-si   Busan   Daegu
Daejeon   Goyang-si   Gwangju   Incheon
Jeonju-si Mokpo-si   Pohang-si   **Seoul**
Suwon-si   Ulsan   Wonju-si

Word Search: 55

City Word Search: Spain

```
P O O A C I Z D L C N D Z R I B Í
C V I I C L A N O L E C R A B I E
S L P I Á D Á I S H R Í C E C L Z
C Z A M D O I R E H S M Á Z G B P
Z G L V E O C L R A L M E R Í A N
O R M M A S C Z O I C V T E V O S
N A A I E L D G R D A Á R C O T V
A N M H I L E I V I A C O B Z V P
N A R O R Í C N R V I L V D G G C
O D B S H V M H C D T O L E D O L
R A Í Z E V N L E I A M H A V E L
I V E Z E V I Z O A A M M Í V Í R
G B P S Í D I G I V N Á Í B Z Á Z
B V P H T A O L O T L Í P I Á T Z
B C T S Á Í Z M L A N Z D C O A O
E O S V Á R Á Á G E E Á B I B C S
Z L C L C H T A I N C I D A Á Í S
```

Almería   Barcelona   Bilbao   Cádiz
Elche   Girona   Granada   **Madrid**
Málaga   Palma   Seville   Toledo
Valencia   Valladolid   Vigo

Word Search: 56

City Word Search: Sri lanka

```
G P A B A D U L L A S N J D P T L
D H R H G R Z N C M E Z B U G O E
U A U C A A U X I G A A Y U G K G
M M P A T C D P O F T T A R A B F
B B A Z E W O M A T V N A Y B P W
Z A H I Z L B L I N F I A L M F F
A N D V B O L C O F T N B S E O D
U T A N A G A A A M U A N K N Q V
T O R T I L R J G T B A R X H C G
U T U C O Y I V A B I O R A B G L
Q A N A A S A K P Q D E W A C R Q
S D A M B U L L A G R W O T T G I
S R G Q U J R G N C V B H X N A P
H U T R I N C O M A L E E Y B C M
M S M H E O H F W O R I T V S L C
H C L Y D N A K V W N G N C S Z U
E U E H S K G T Q Z G H U I S U K
```

Anuradhapura   Badulla   Batticaloa
Colombo   Dambulla   Galle
Hambantota   Jaffna   Kandy
Katunayake   Matale   Matara
Negombo   Ratnapura Trincomalee

Word Search: 57

City Word Search: Sweden

```
E L Ä L G G B P L A L M I R I T M
L S N R R J G E Ö H O G T D J O H
V K Å U G N U M K G L N O P D Y R
Ä M N R E V L H S G R I C A L A J
G L I M E A Å R J R V P K V I Å B
P O A O M T H L V O I Ö P P C S K
S H Y L S K S R I B S K G I Å G A
I K K Y A M C Ä B G B N Y T I R R
V C L O I S L U V N Y Ö E H A T L
S O I V Ä B P Å G I G J K M A O S
J T N J E Å B P Ä S P T L D R J T
L S K K O Å L P U L Å A J B Y U A
G A Ö O R R Ä Ä P E K D E L D A D
E L P Å Å H D T A H J R K G D E E
S S I Ö E Ö C E B M Ö T Y O H N G
R S N G J M B G R U B N E H T O G
N L G M B H U M V O T D N U L Ö P
```

Gothenburg   Gävle   Helsingborg   Jönköping
Kalmar   Karlstad Linköping   Lund
Malmö   **Stockholm** Umeå   Uppsala
Visby   Västerås Örebro

Word Search: 58

City Word Search: Switzerland

```
N F L A U S A N N E O F Z O N Y V
U B S N L Z O C F M W M Y E V E V
Z T W Z E A Z R B B T B G B T L L
W E I W S T I I C N A R I H Z K U
O O N H I B O E N U N S U L Ü X G
Y V T S O Y R L B T T N E Ü Ü S A
G S E U V L H K K M E Y F L B E N
B Y R U S U K A O R F R G C C U O
R G T Z H R V N S K N S L C A M Y
E V H G Ü E T R N U R E U A V M C
Y F U B N R Z G Ü H B L C W K Y G
C B R E E T O X X F W E E U F E I
B F G O B K H C I R Ü Z R Y K H N
T Z X E N C S Y Z X Y Y N G G B Z
F E R L Z C R U H C U Z E I E G W
B N X X H U H V U W T Z Z C L X Y
L W C R H T C H M T Ü Y Y S M B L
```

Basel — **Bern** — Chur — Fribourg
Geneva — Interlaken — Kloten — Lausanne
Lucerne — Lugano — Montreux — Thun
Vevey — Winterthur — Zürich

Word Search: 59

City Word Search: Thailand

```
C S I V U I D R B S Z L M Q G A U
A F A R O E N E Q M V J Q Y H E H
S D Y V K F W A U P A K K R E T K
V K T Z R U G A H R T K J P Z E H
A L A Y A G I J L T H H O Z D Y Y
T V H P B H R K M O N D Y G C T R
R O E A I T H O N W R O N Z I H N
D B I E R O L K I C Q O D C L B K
H S A X P S A G Z X T T A U F U J
N B M W W E M N L E J Y I H B Q Y
G B G U N A P A B Z A Q F N H F K
H C N M G M A B Z T H T A F A P P
W P A F K L N W T P Z W S K T H Z
Y V I I T C G A U E L N K F O M T
F Q H O K M P W A L H K G N O S O
O O C D L R U I N A H T T A R U S
T K H E O U V H B S U M W C S L R
```

Bangkok | Betong | Chiang Mai | Hat Yai
Khon Kaen | Krabi | Lampang | Mae Sot
Pakkret | Pattaya City | Songkhla | Surat Thani
Thani | Udon Thani | Yala

Word Search: 60

City Word Search: Turkey

```
Y P P K L A R A U F N U S M A S O
Y M G A Z İ A N T E P T G N F Y R
O N R L M G İ I I L E H B T Y Ş D
E T Ş F O S Ş A N Ş A T G Z I İ U
N S İ P Z A İ P N Z H A H T R A L
M A K U A G E Y M T L I O M E F İ
Y R Y I E S E N Ş T A F I B S R Z
P A B G Ş N B K O I T L Ş H Y U M
A K P N R E O R P Z Z N Y Z A I I
K N P I L D H Z R I B Z S A K L R
S A D Y F I G I N K Y A Ş F A N İ
M E Ş Y I O E R A E U R Ş P A F
D Ş U S M N D B H D Ş Ş Y T G Ş K
U R T S O B R U O İ S T A N B U L
O D I H T Ş O R Z B E S N H Z H K
Ş O A I K Ş R S Z T F P G N A D I
G Y M U P N T A N H Y A Y N O K I
```

Ankara Antalya Bursa Denizli
Edirne Eskişehir Gaziantep İstanbul
İzmir Kayseri Konya Ordu
Samsun Trabzon Şanlıurfa

Word Search: 61

City Word Search: United Kingdom

```
U M K N N L O T S I R B W Z T B Z
W R A O S O U T H A M P T O N D J
H N Y H A P Y E D C C R M S Z L Q
N U G X G G O R Y V R E H Y B E U
P N L S E N O D Q L Z J W Y K I V
M V S S C F I Y C U W E E I O F C
U K Q E X R E T S E C I E L Y F A
R M L O H J A V T T J I R L H E M
W E A O Z T X M P O Z C V O G H B
L N T H O A U F Q A N U R N R S R
K G T S G P L O N D O N H C U C I
D Y Q S E N R N M H J C C X B Z D
V A F D X H I E C S I I A M N P G
X Y S E G V C M V W T V L X I P E
N G Z E K F P N R I I R M M D R W
R V A L E S P O A I L A O T E K E
U V L M W C N I Q M B I E P G R P
```

Birmingham   Bristol   Cambridge   Edinburgh
Leeds   Leicester   Liverpool   **London**
Manchester   Norwich   Nottingham   Oxford
Portsmouth   Sheffield   Southampton

Word Search: 62

City Word Search: United States

```
W A S H I N G T O N D C R I L U F
Y I S R F O Y D W W B S H K A J P
Y B T I H O U S T O N P R U T C Z
K P T B L Y F S W J X O T S N E I
J P B Q P O I L Q M Y F A W A Z C
P A H Z A H P R U W I G E F L Q K
H U N I P O Y A E S E D J B T W O
O J H M L G T N N V D F W E A S N
E M E A F A F F S A F E S R U S L
N M V J D C D A T V I R N B K K G
I B W P M I L E I D M D M V R P V
X N Y Q V H M V L G A U N O E X G
Z I V H S C N K I P L L O I C R G
N T N K T O H O S O H W L V V Z H
O S N G W G H J C E Q I F A F B B
P U T K W E R L M Q A P A K S F M
L A N L O S A N G E L E S W G U O
```

Atlanta
Columbus
Houston
Los Angeles
Philadelphia
Austin
Dallas
Indianapolis
Memphis
Phoenix
Chicago
Denver
Las Vegas
New York
Washington, D.C.

Solutions

Word Search-01

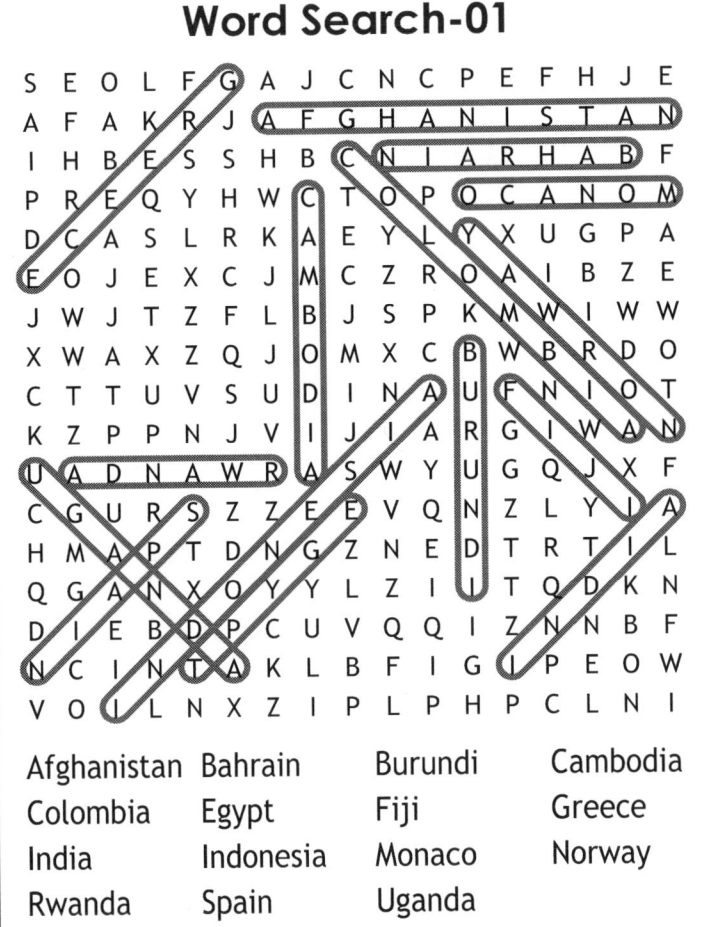

Afghanistan	Bahrain	Burundi	Cambodia
Colombia	Egypt	Fiji	Greece
India	Indonesia	Monaco	Norway
Rwanda	Spain	Uganda	

Word Search-02

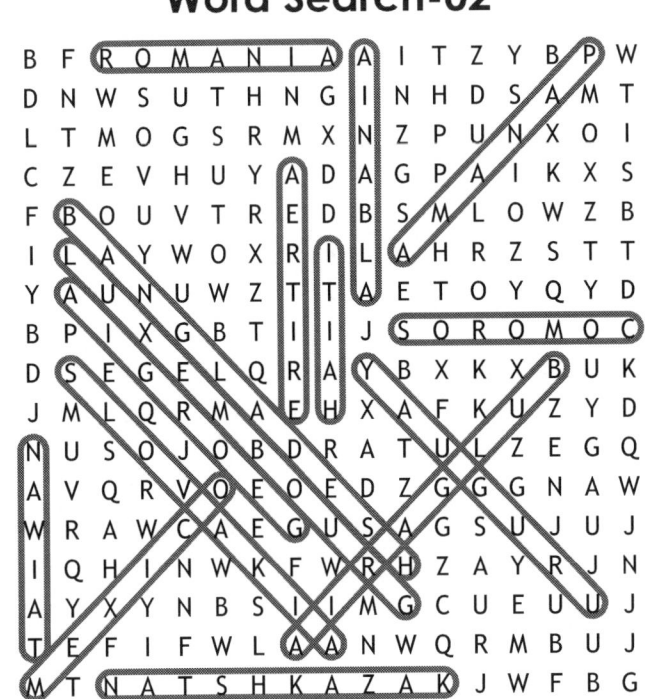

Albania	Bangladesh	Bulgaria	Comoros
Eritrea	Georgia	Haiti	Kazakhstan
Luxembourg	Mexico	Panama	Romania
Slovakia	Taiwan	Uruguay	

Word Search-03

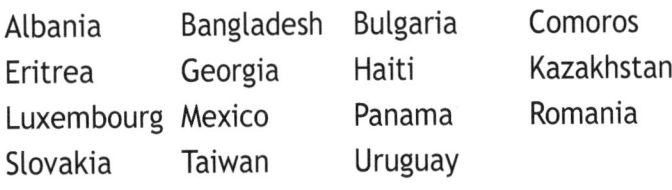

Australia	Brazil	Cameroon
Djibouti	Finland	Honduras
Morocco	Nepal	Oman
Tanzania	Ukraine	United States
Vanuatu	Yemen	Zimbabwe

Word Search-04

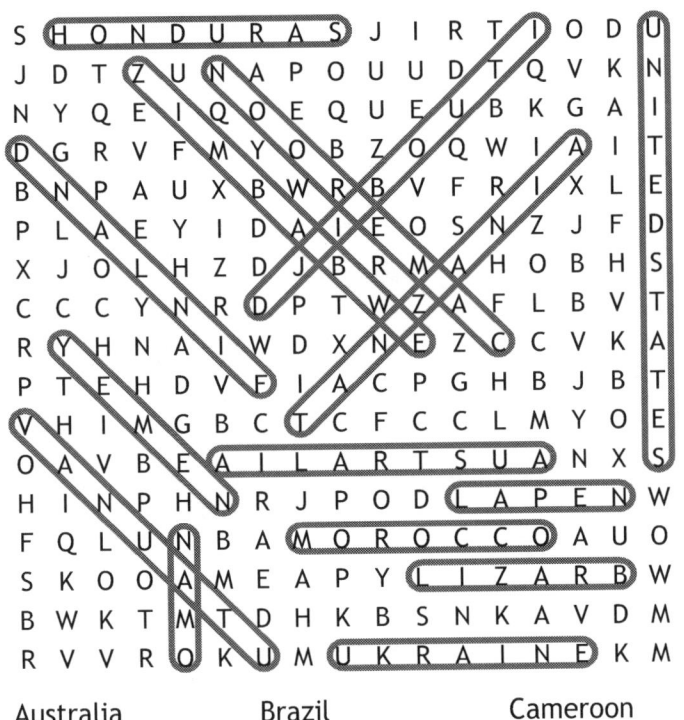

Austria	Bhutan	Canada
Croatia	Denmark	Ecuador
Guyana	Iceland	Pakistan
Paraguay	Samoa	Singapore
United Kingdom	Vatican City	Zambia

Word Search-05

K	I	D	Z	U	W	V	E	M	M	O	N	G	O	L	I	A
E	M	L	G	Z	Y	K	A	Z	M	K	L	Z	K	I	D	Y
R	S	C	C	N	U	L	L	K	K	R	U	G	I	N	K	S
J	Y	A	D	E	T	W	B	Z	O	D	D	R	R	A	P	P
O	Y	I	V	A	P	Y	A	Z	G	I	U	V	I	J	K	A
W	F	A	A	I	P	O	I	H	T	E	G	B	B	I	V	S
Q	Q	P	P	Y	B	G	D	F	O	I	S	C	A	A	N	B
I	L	Y	A	E	X	A	O	Q	C	T	E	R	T	B	I	J
X	J	C	N	C	G	I	Q	M	U	A	N	J	I	R	G	V
L	A	I	O	Q	I	M	C	N	T	L	E	J	Q	E	E	U
A	N	P	L	O	U	R	J	Y	B	Y	G	A	L	Z	R	H
T	P	B	J	R	P	R	A	N	R	R	A	C	Y	A	I	L
V	P	F	E	K	M	W	A	T	S	A	L	H	D	N	A	C
I	K	P	D	P	Z	D	W	W	S	A	G	K	N	N	E	E
A	L	A	O	T	R	N	U	T	B	O	C	N	D	P	Y	K
S	H	P	H	O	H	E	B	H	X	Q	C	K	U	P	P	Q
C	C	H	J	M	K	I	E	J	J	X	Q	Q	N	H	C	N

Azerbaijan, Benin, Chad, Costa Rica
Ethiopia, Hungary, Italy, Jordan
Kenya, Kiribati, Latvia, Malta
Mongolia, Nigeria, Senegal

Word Search-06

Y	E	C	N	A	R	F	B	P	A	S	U	G	T	P	M	J
P	N	T	S	O	K	J	H	S	U	R	P	Y	C	A	R	N
E	S	L	I	B	Y	A	G	A	N	I	H	C	U	R	M	T
P	O	A	A	R	G	E	N	T	I	N	A	R	S	R	K	G
E	L	T	K	Y	N	A	M	R	E	G	I	L	L	G	A	B
Q	F	B	I	N	X	V	M	U	M	T	F	B	X	J	Y	F
P	A	T	C	Q	A	X	O	A	A	W	L	M	S	R	N	R
P	I	Y	Y	E	N	L	I	N	N	H	I	V	D	L	F	H
M	A	A	V	A	C	L	I	Z	V	X	B	S	L	Z	H	Y
O	C	J	I	P	A	A	B	R	J	F	E	U	J	N	N	I
B	G	V	X	M	M	E	R	G	S	H	R	P	D	T	P	S
S	J	B	O	A	L	F	B	A	D	J	I	S	I	V	K	P
S	I	S	X	A	G	Q	I	J	T	A	A	A	U	I	X	W
B	G	M	R	T	K	G	N	W	O	A	W	I	Q	R	X	S
U	M	U	G	Y	V	R	Z	S	Q	U	Q	W	Q	A	E	O
E	S	V	Q	X	L	Q	L	Z	K	R	Y	Y	J	N	L	V
H	R	Q	B	P	E	T	G	A	B	O	N	T	N	Y	Y	S

Argentina, Belarus, China, Cyprus
France, Gabon, Germany, Iran
Kuwait, Liberia, Libya, Mauritania
Qatar, Somalia, Sri Lanka

Word Search-07

W	K	Y	Y	Y	M	O	B	M	K	B	U	A	Y	F	C	T
P	U	S	O	E	K	E	O	T	M	B	P	N	Y	F	E	H
E	N	G	Q	Y	L	W	R	A	E	G	J	A	W	M	T	A
I	C	G	X	G	T	S	E	R	B	I	A	W	C	B	U	Y
S	E	V	I	D	L	A	M	Z	D	F	S	S	X	Q	C	N
U	P	U	Q	B	R	S	E	P	J	N	V	T	K	I	S	Q
M	M	O	H	M	N	M	E	U	Y	N	B	O	L	O	R	J
D	F	U	E	V	W	T	K	N	A	T	A	B	Z	U	G	U
T	A	N	S	E	G	S	P	T	I	A	U	M	R	F	S	Y
E	I	Z	W	D	N	H	S	D	N	P	J	R	I	W	T	H
A	B	G	Y	E	L	Z	A	A	E	K	P	U	K	B	N	J
K	R	I	D	A	Y	P	H	R	T	R	R	I	U	E	I	H
E	S	E	T	G	U	G	H	P	C	W	U	P	L	A	Y	A
C	W	X	R	N	R	C	A	L	G	E	R	I	A	I	F	Z
S	F	Y	J	B	E	C	Q	R	U	S	S	I	A	C	H	L
X	K	B	Q	Z	U	D	T	A	I	S	I	N	U	T	O	P
X	F	G	C	U	F	D	K	F	C	L	L	K	M	R	H	Z

Algeria, Armenia, Belgium
Botswana, Czech Republic, Ghana
Kyrgyzstan, Maldives, Namibia
Philippines, Russia, Serbia
Sweden, Tunisia, Turkey

Word Search-08

T	A	I	W	O	J	N	S	O	U	T	H	K	O	R	E	A
K	J	L	T	I	H	E	A	C	I	A	M	A	J	U	T	B
B	R	K	E	H	J	A	X	T	I	F	N	A	P	A	J	H
M	Z	Y	N	U	A	H	H	M	S	W	L	V	W	H	U	S
L	A	D	D	E	Z	I	E	W	O	I	T	C	K	Q	W	X
Y	Z	L	N	G	W	E	L	U	W	P	K	P	J	I	F	N
Q	L	K	A	J	K	Z	N	A	T	Y	X	E	T	A	E	E
T	P	Q	N	Y	Z	S	E	E	N	A	X	Z	B	T	Z	B
B	J	O	U	G	S	X	G	A	V	D	E	H	H	Z	K	L
R	T	N	R	B	N	I	Z	R	L	R	C	E	L	F	U	R
U	W	L	H	T	K	E	A	Y	L	A	R	V	A	U	X	E
N	O	Z	P	J	U	M	X	A	Z	L	N	P	D	A	U	A
E	X	Y	I	S	N	G	N	I	A	R	O	D	O	P	N	J
I	M	P	E	A	G	D	A	N	U	L	W	T	H	G	I	O
E	E	K	Y	T	F	E	D	L	A	J	R	N	O	D	C	B
A	K	M	M	N	A	S	Q	N	N	L	O	L	M	X	D	R
D	X	I	L	Z	C	R	D	L	Y	X	A	Z	Z	F	W	M

Angola, Brunei, Jamaica, Japan
Malaysia, Myanmar, Netherlands, New Zealand
Poland, Portugal, South Korea, Switzerland
Thailand, Uzbekistan, Venezuela

Word Search-09

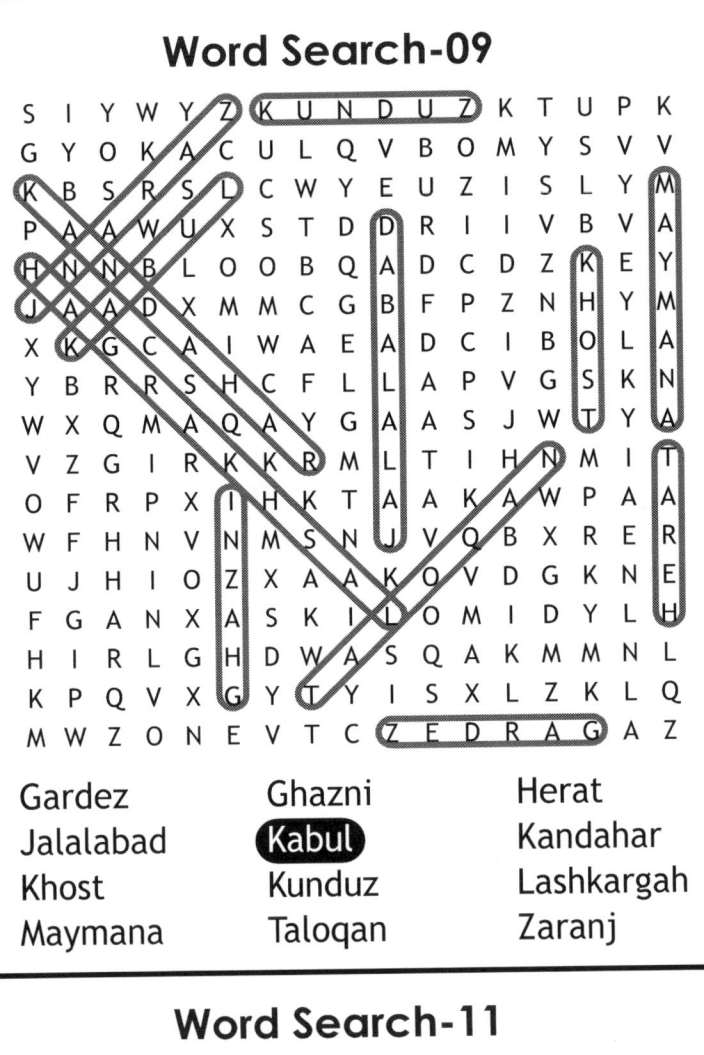

Gardez, Ghazni, Herat, Jalalabad, **Kabul**, Kandahar, Khost, Kunduz, Lashkargah, Maymana, Taloqan, Zaranj

Word Search-10

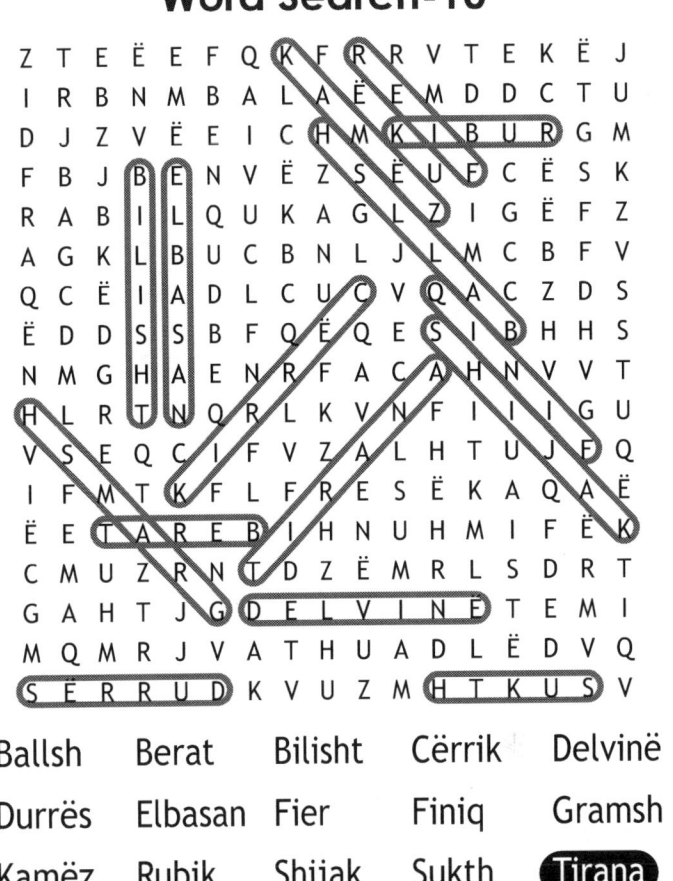

Ballsh, Berat, Bilisht, Cërrik, Delvinë, Durrës, Elbasan, Fier, Finiq, Gramsh, Kamëz, Rubik, Shijak, Sukth, **Tirana**

Word Search-11

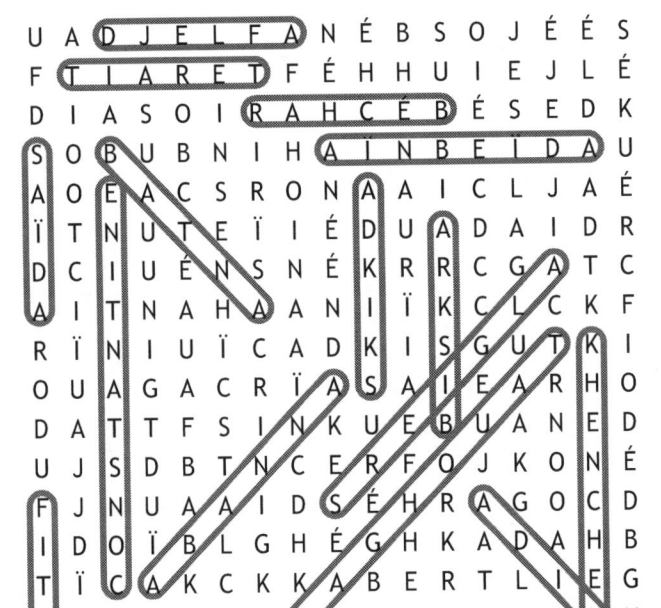

Algiers, Annaba, Aïn Beïda, Batna, Biskra, Blida, Béchar, Constantine, Djelfa, Khenchela, Laghouat, Saïda, Skikda, Sétif, Tiaret

Word Search-12

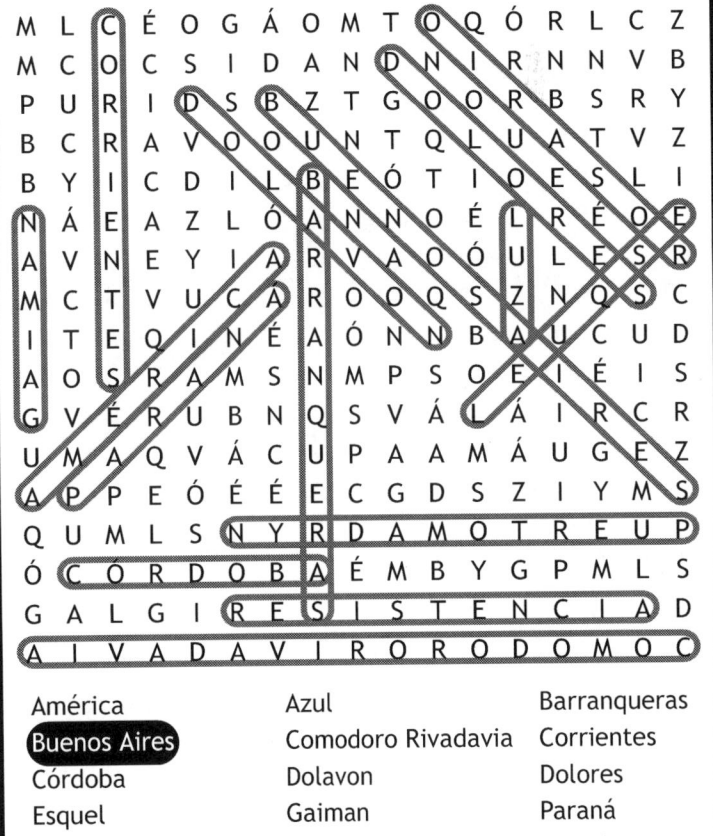

América, Azul, Barranqueras, **Buenos Aires**, Comodoro Rivadavia, Corrientes, Córdoba, Dolavon, Dolores, Esquel, Gaiman, Paraná, Puerto Madryn, Resistencia, Rosario

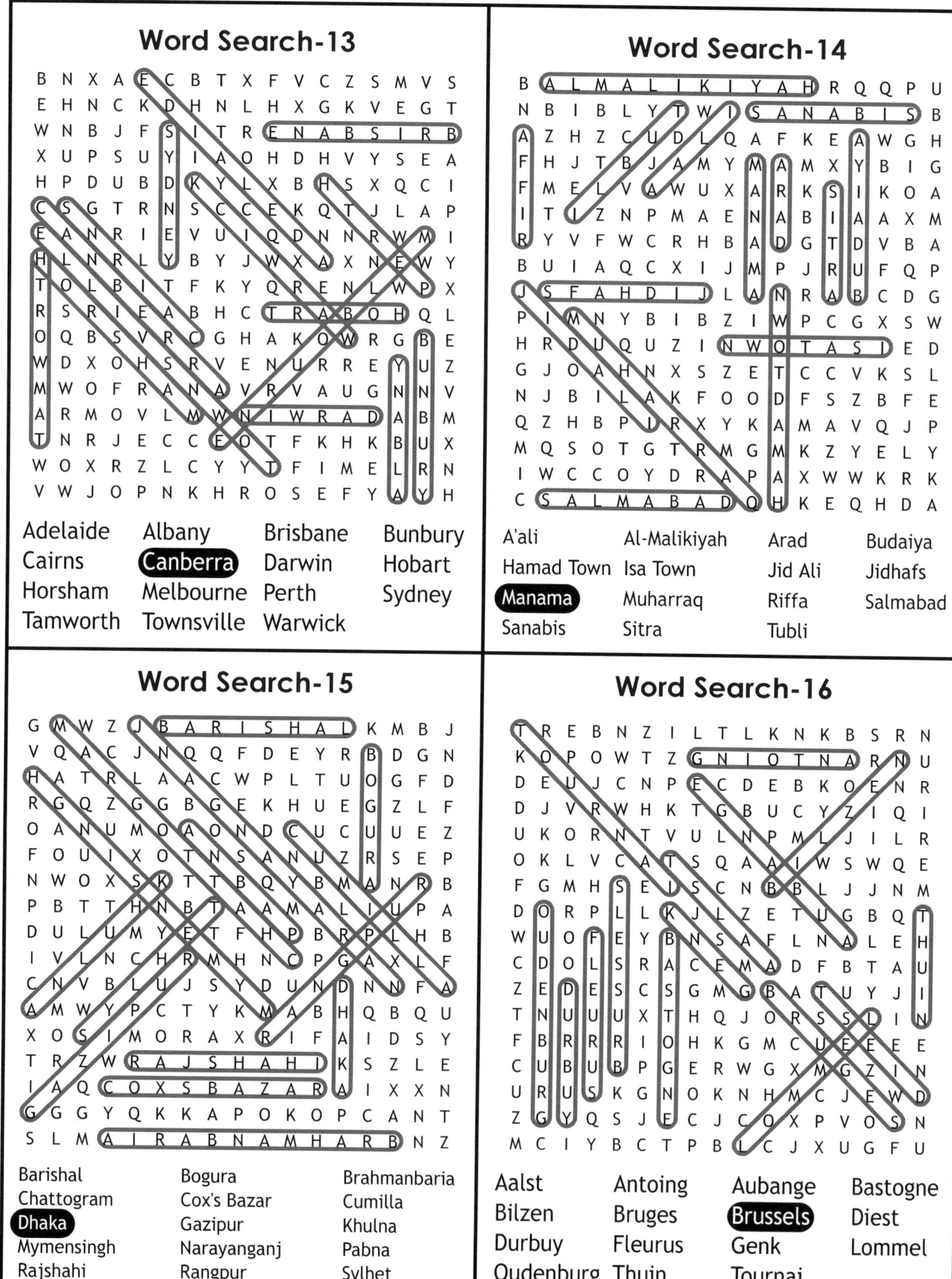

Word Search-17

Damphu, Gasa, Gelephu, Jakar, Lhuntshi, Mongar, Paro, Pemagatsel, Phuntsholing, Punakha, Samdrup Jongkhar, Samtse, **Thimphu**, Tongsa, Trashigang

Word Search-18

Aracaju, Belo Horizonte, **Brasília**, Fortaleza, Londrina, Macapá, Maceió, Manaus, Natal, Petrolina, Porto Alegre, Rio de Janeiro, Salvador, Santo André, São Paulo

Word Search-19

Airdrie, Brantford, Burnaby, Calgary, Chilliwack, Hamilton, Kamloops, Kingston, Montreal, Oshawa, **Ottawa**, Québec City, Toronto, Vancouver, Winnipeg

Word Search-20

Beijing, Changchun, Fuzhou, Guangzhou, Hangzhou, Harbin, Jinan, Lanzhou, Ningbo, Shanghai, Shenyang, Shenzhen, Suzhou, Tianjin, Wuhan

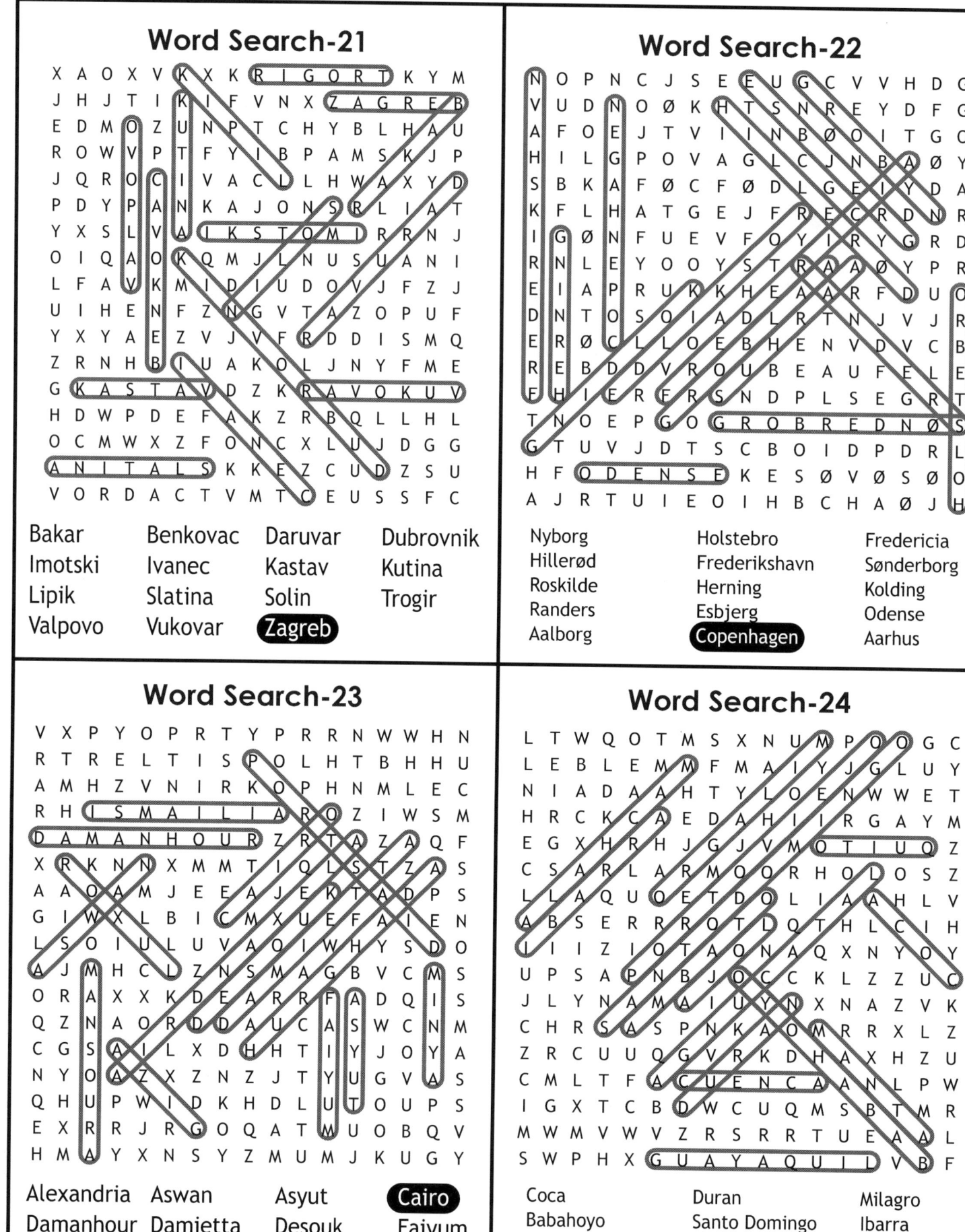

Word Search-25

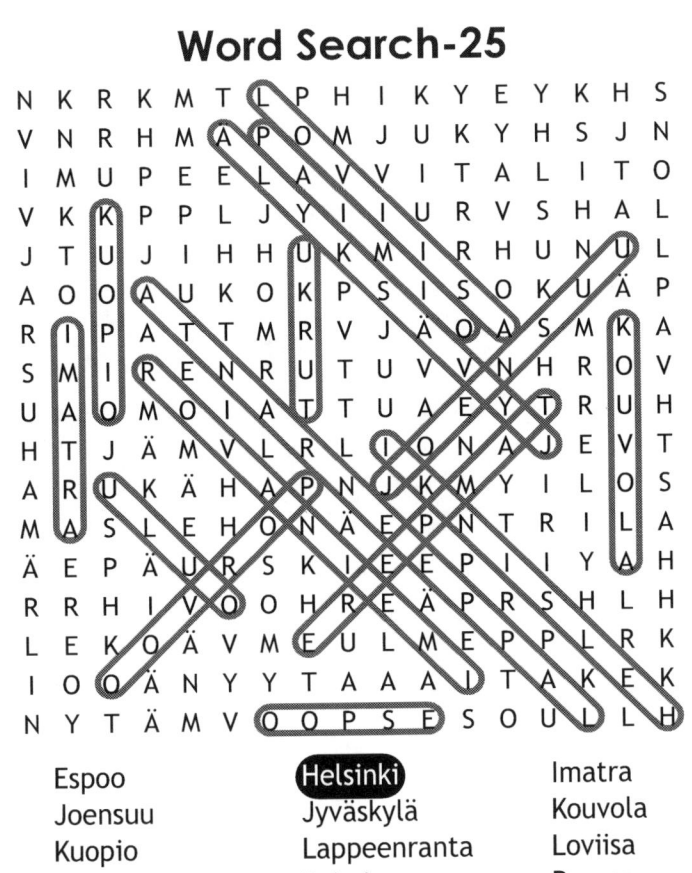

Espoo, Joensuu, Kuopio, Oulu, Rovaniemi, Helsinki, Jyväskylä, Lappeenranta, Paimio, Tampere, Imatra, Kouvola, Loviisa, Porvoo, Turku

Word Search-26

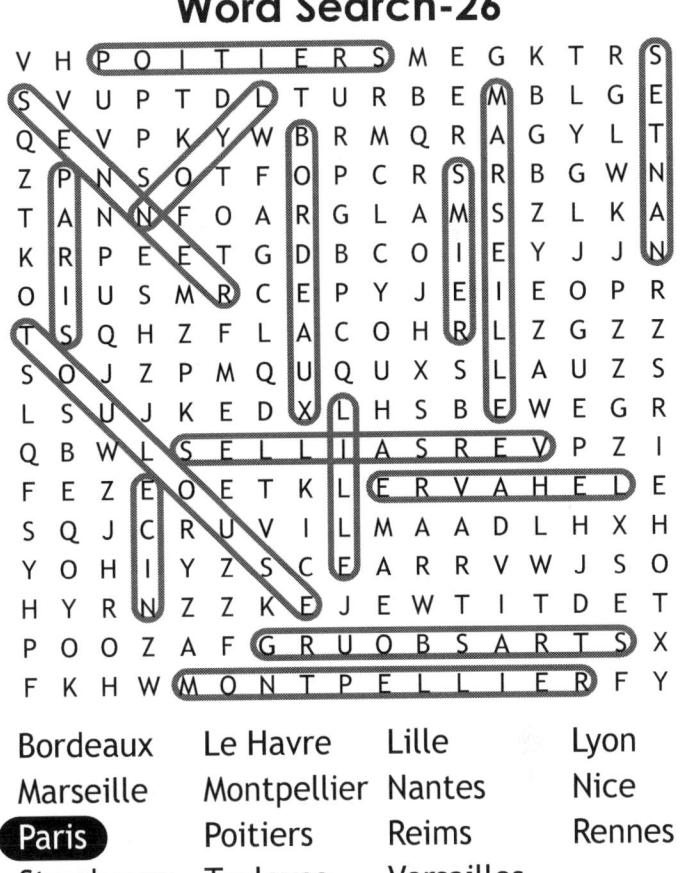

Bordeaux, Marseille, Paris, Strasbourg, Le Havre, Montpellier, Poitiers, Toulouse, Lille, Nantes, Reims, Versailles, Lyon, Nice, Rennes

Word Search-27

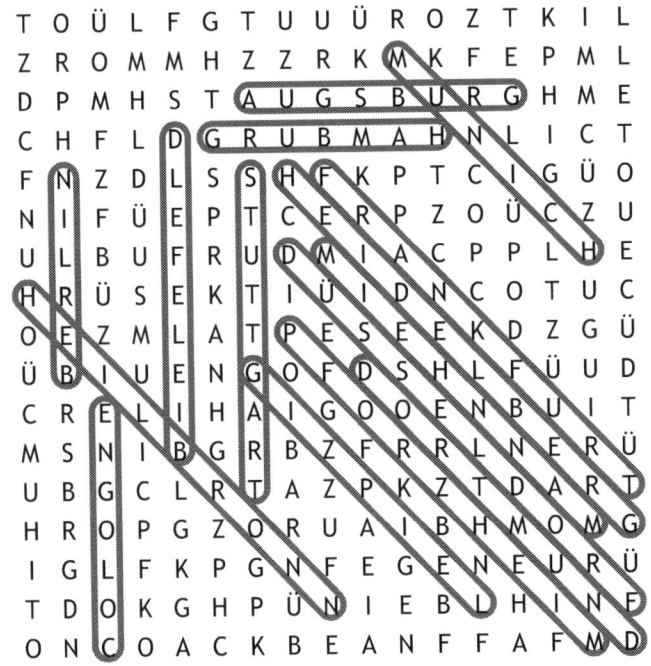

Augsburg, Berlin, Bielefeld, Cologne, Dortmund, Düsseldorf, Frankfurt, Hamburg, Heidelberg, Heilbronn, Leipzig, Mannheim, Munich, Pforzheim, Stuttgart

Word Search-28

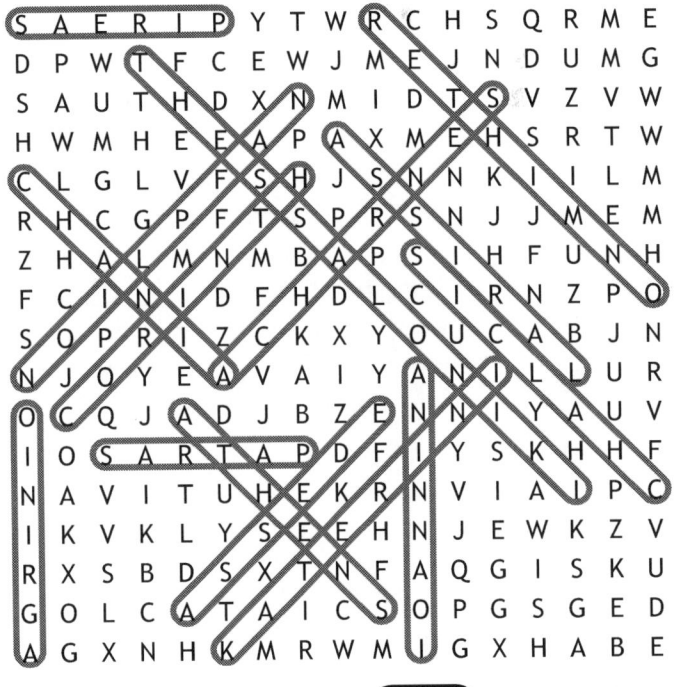

Acharnes, Agrinio, Athens, Chalcis, Chania, Corinth, Edessa, Ioannina, Katerini, Larissa, Nafplion, Patras, Pireas, Rethimno, Thessaloniki

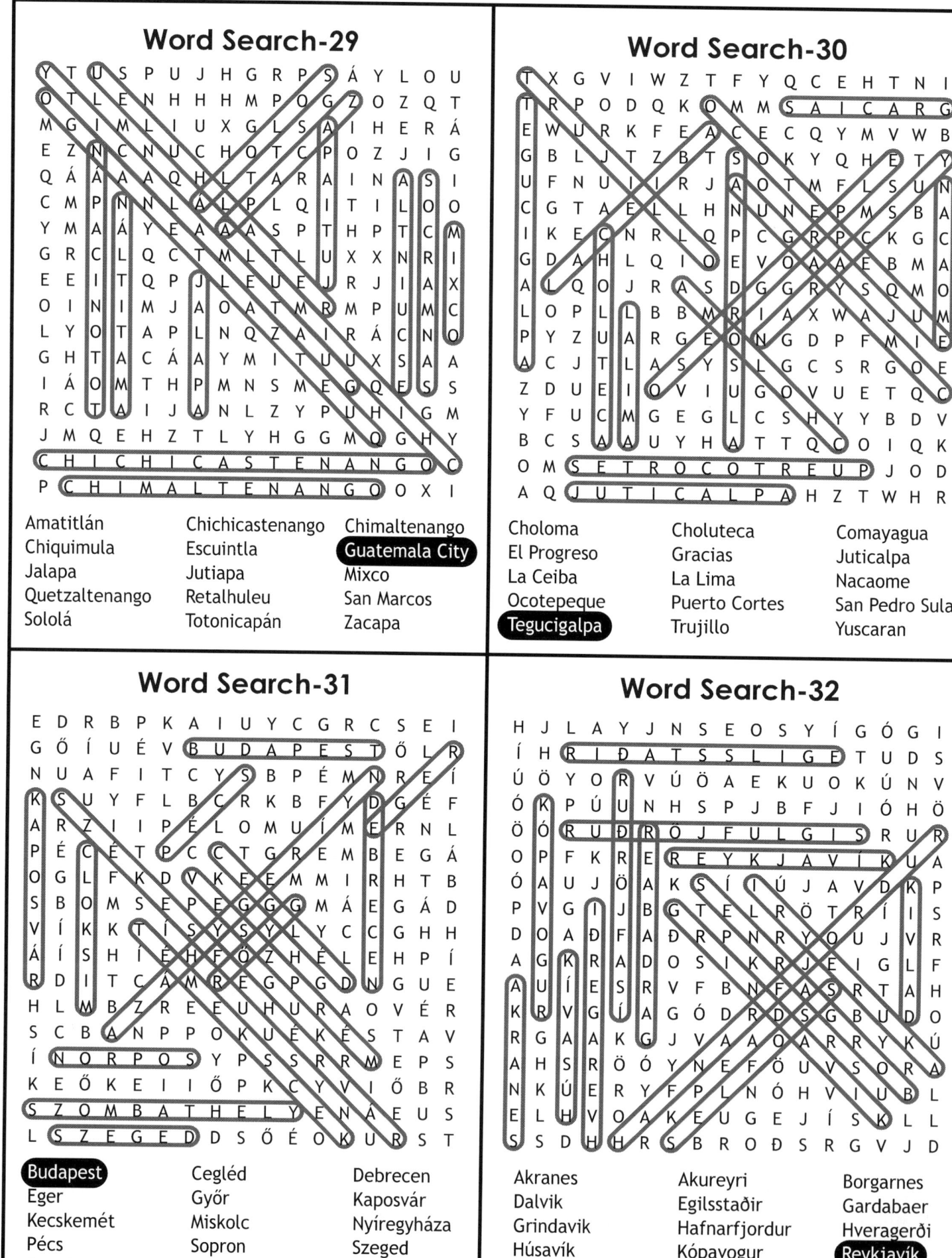

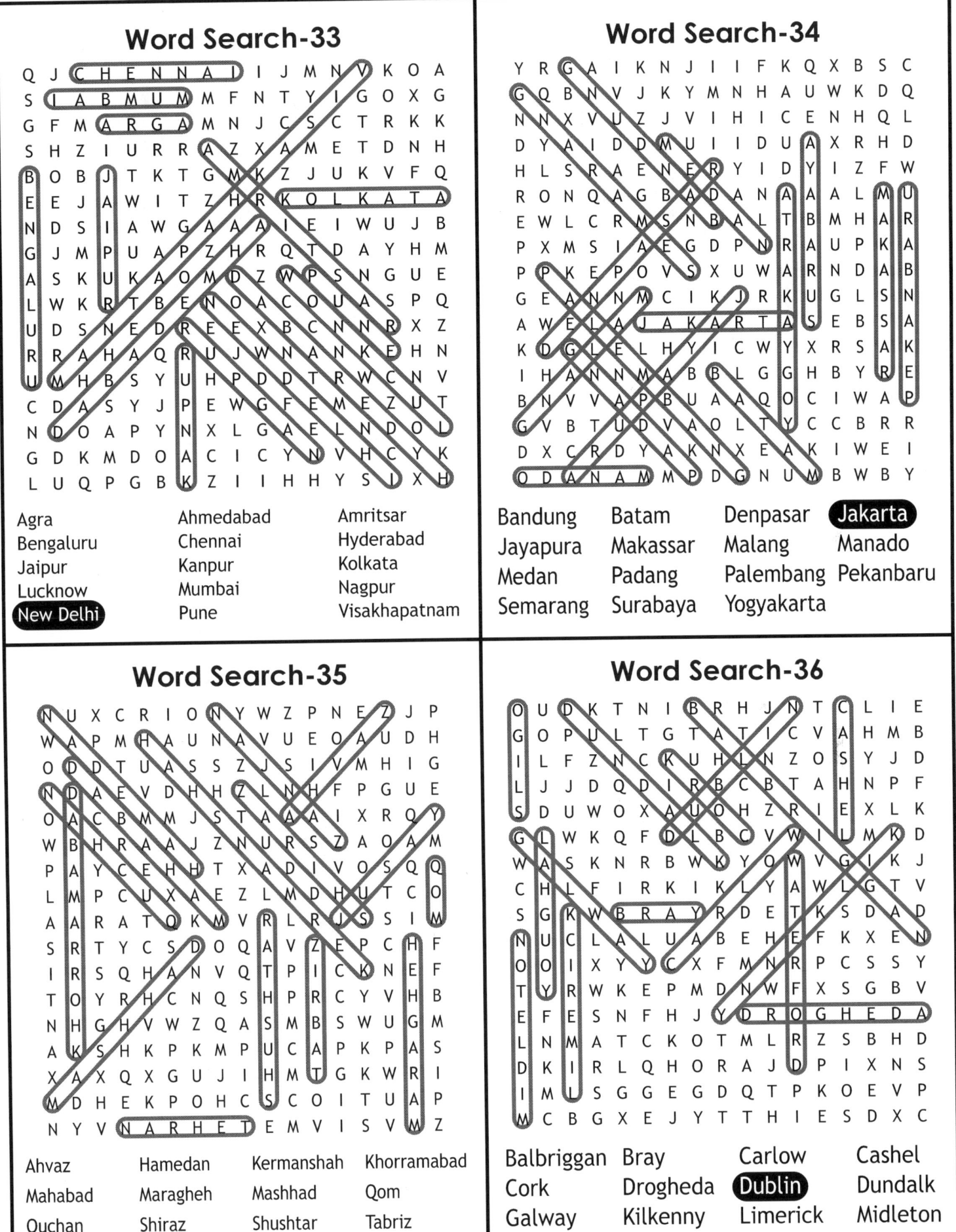

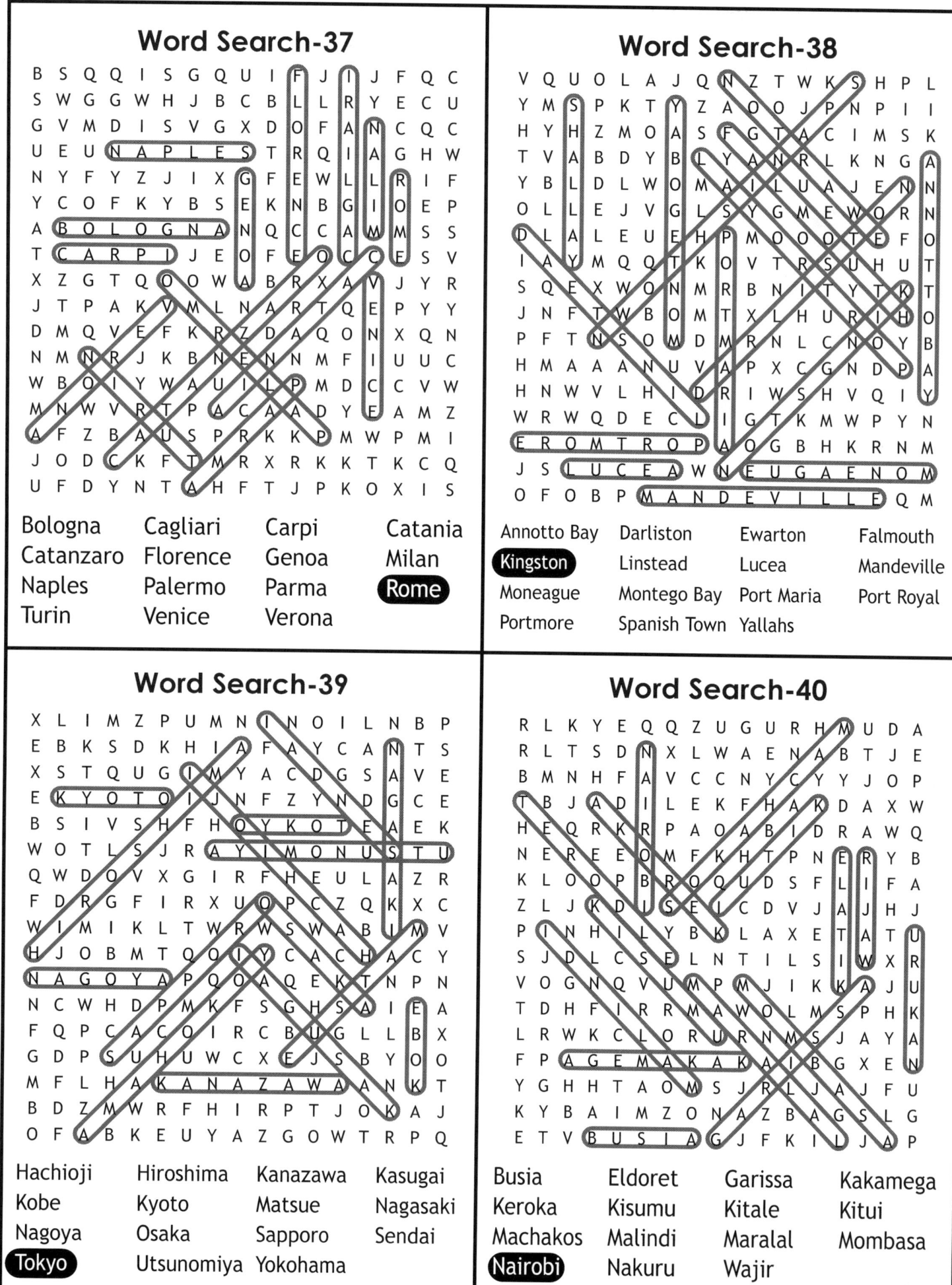

Word Search-41

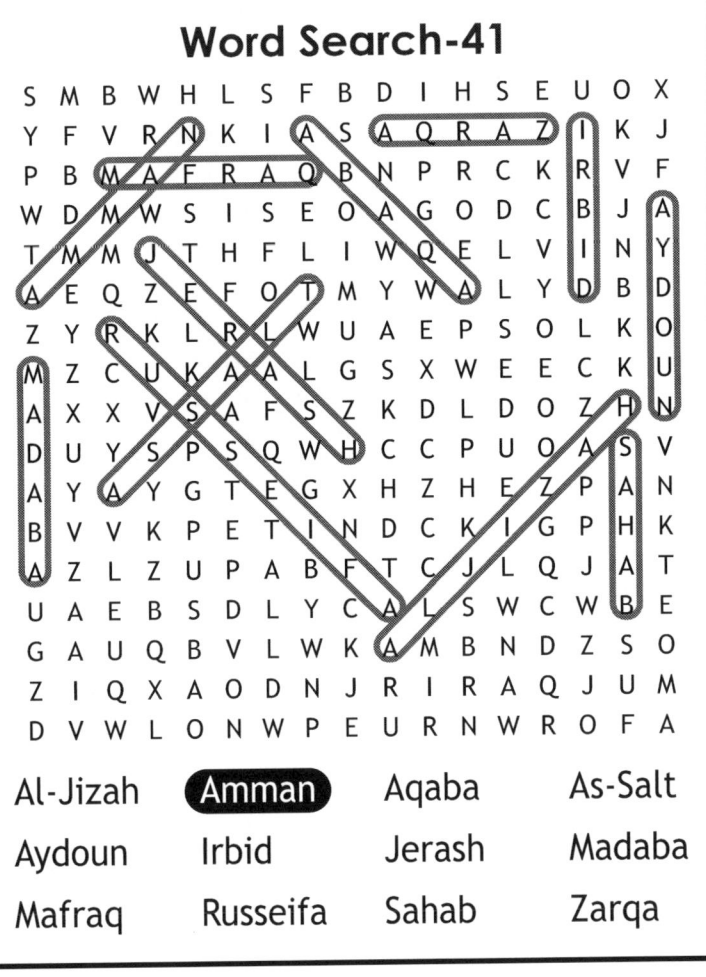

Al-Jizah	Amman	Aqaba	As-Salt
Aydoun	Irbid	Jerash	Madaba
Mafraq	Russeifa	Sahab	Zarqa

Word Search-42

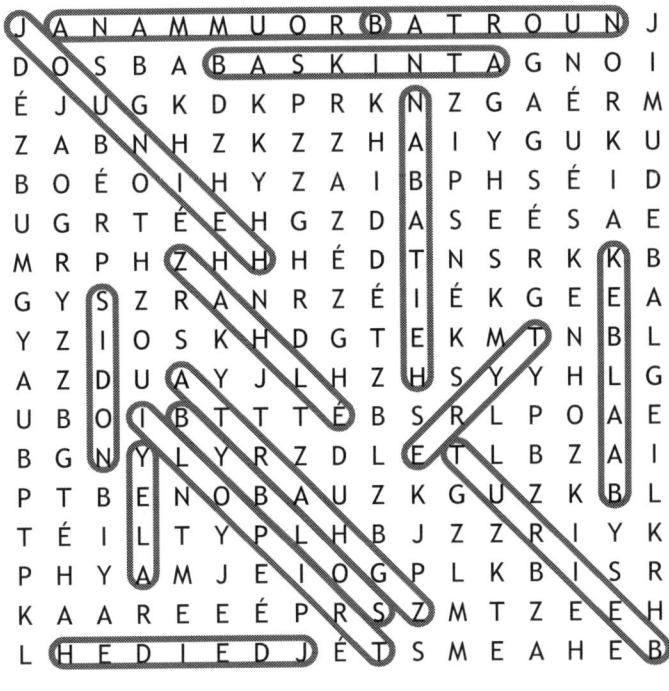

Aley	Baalbek	Baskinta	Batroun
Beirut	Broummana	Byblos	Jdeideh
Jounieh	Nabatieh	Sidon	Tripoli
Tyre	Zahlé	Zgharta	

Word Search-43

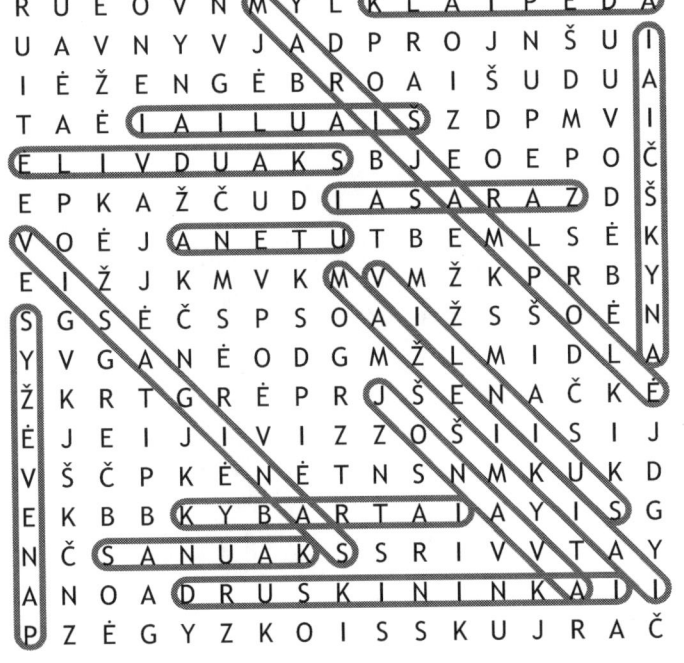

Anykščiai	Druskininkai	Jonava	Kaunas
Klaipėda	Kybartai	Marijampolė	Mažeikiai
Panevėžys	Skaudvilė	Utena	Vilnius
Visaginas	Zarasai	Šiauliai	

Word Search-44

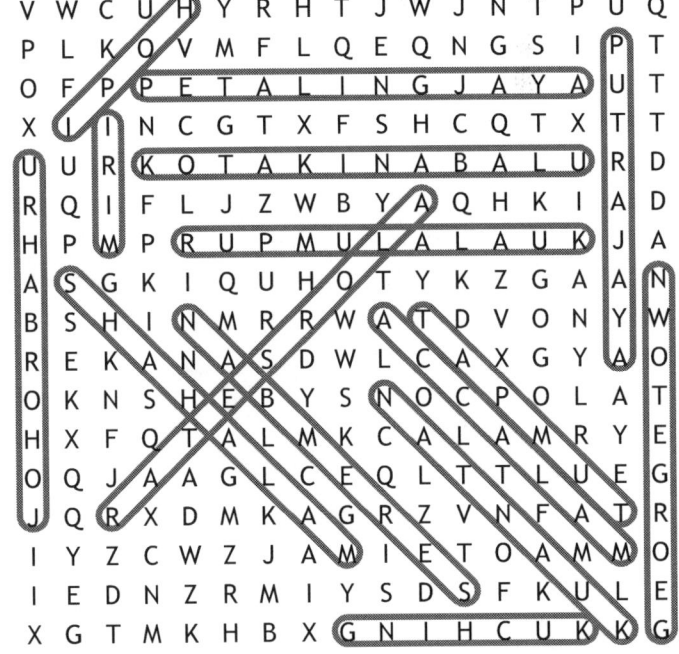

Alor Setar	George Town	Ipoh
Johor Bahru	Kota Kinabalu	Kuala Lumpur
Kuantan	Kuching	Malacca
Miri	Petaling Jaya	Putrajaya
Seremban	Shah Alam	Tumpat

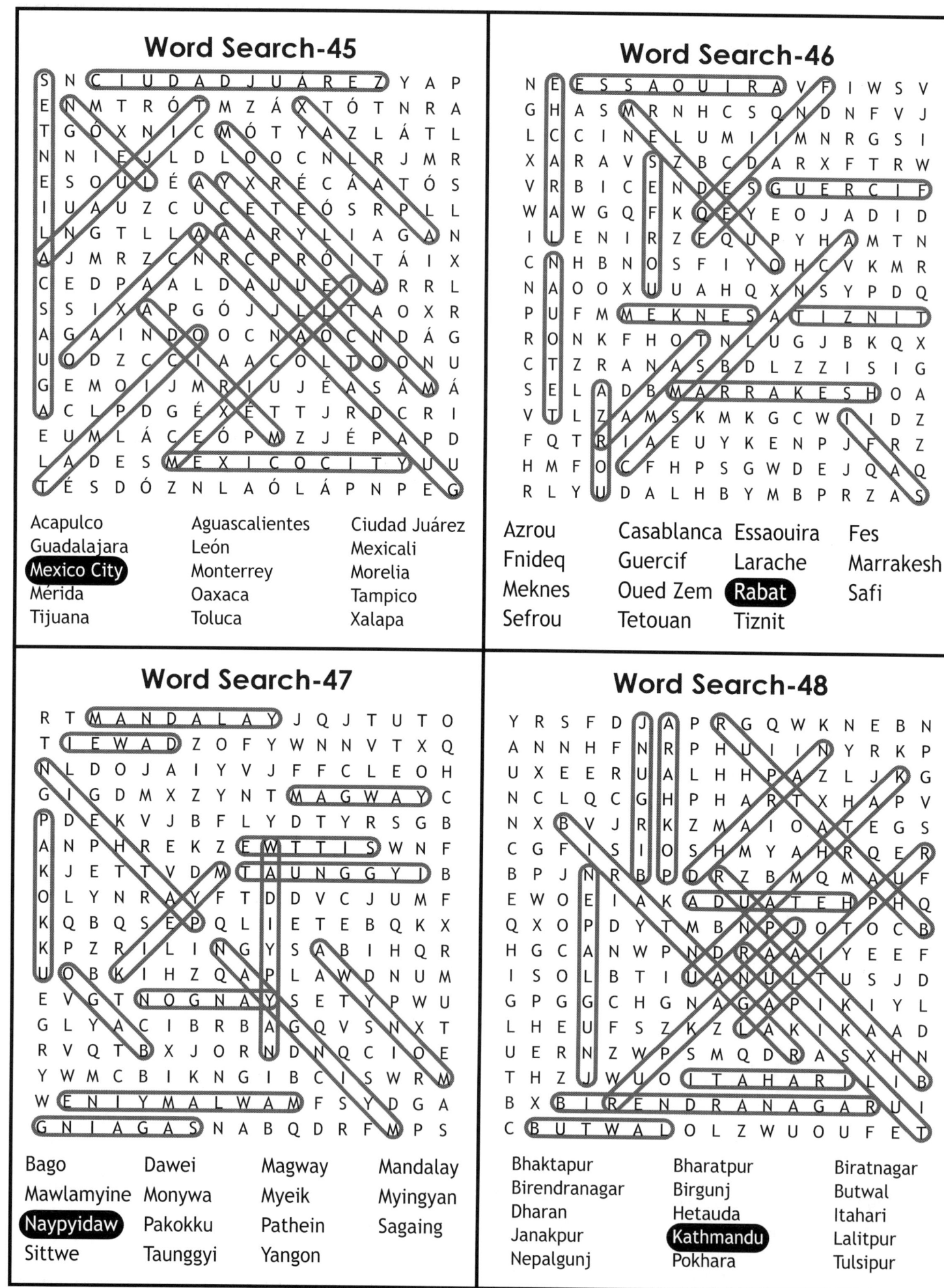

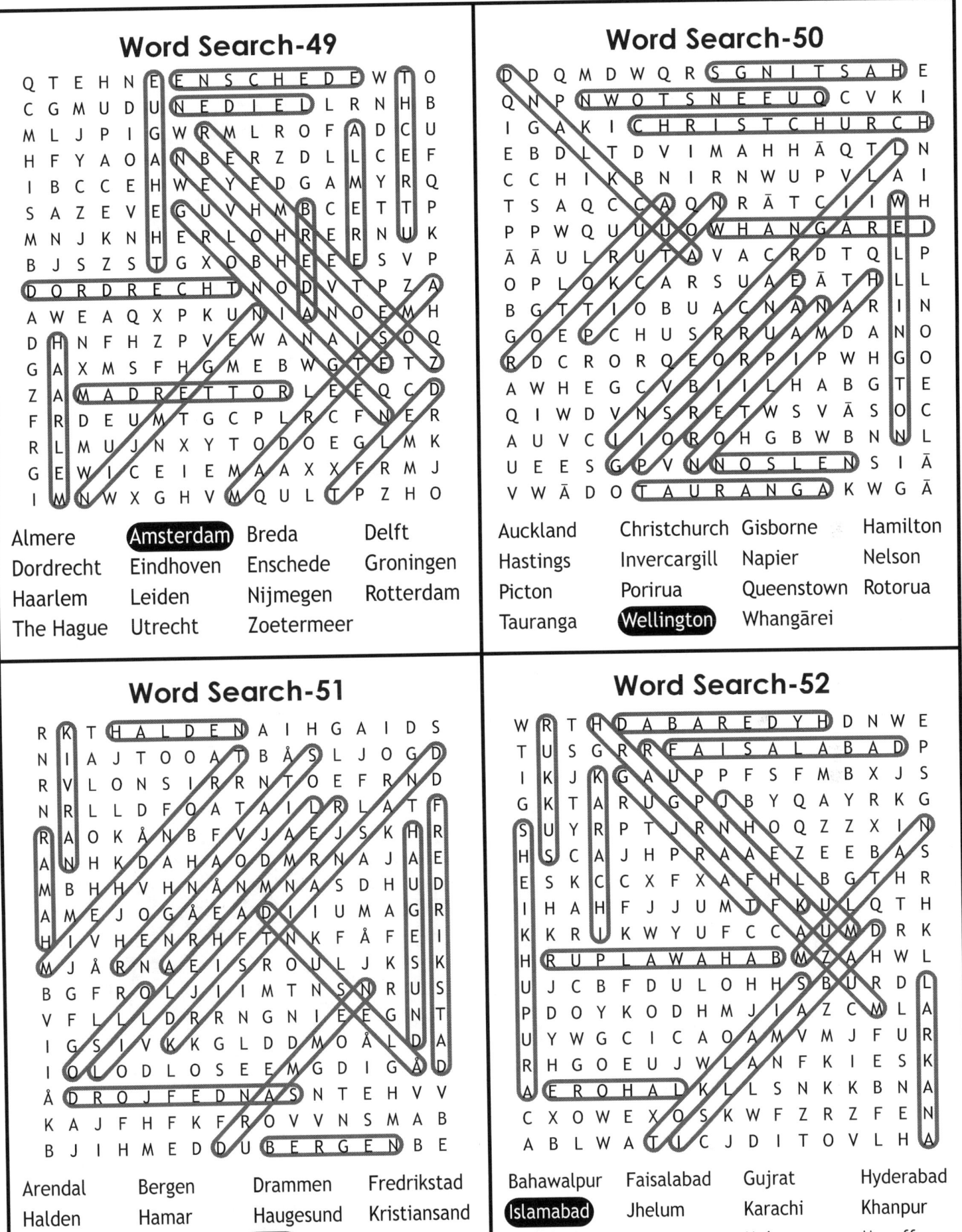

Word Search-53

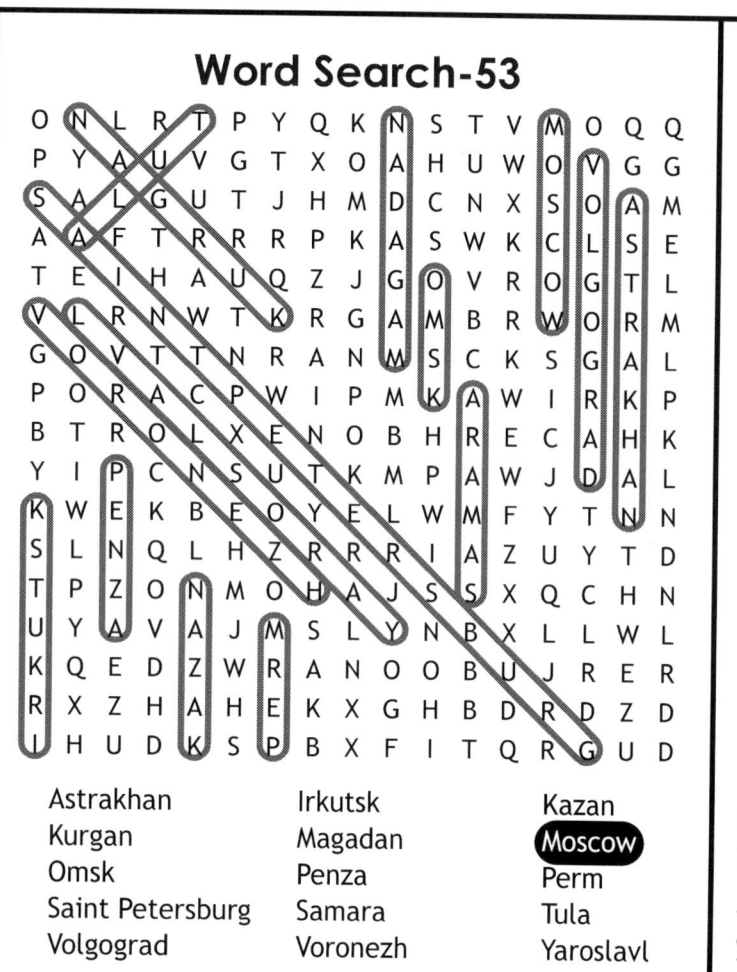

Astrakhan, Irkutsk, Kazan, Kurgan, Magadan, **Moscow**, Omsk, Penza, Perm, Saint Petersburg, Samara, Tula, Volgograd, Voronezh, Yaroslavl

Word Search-54

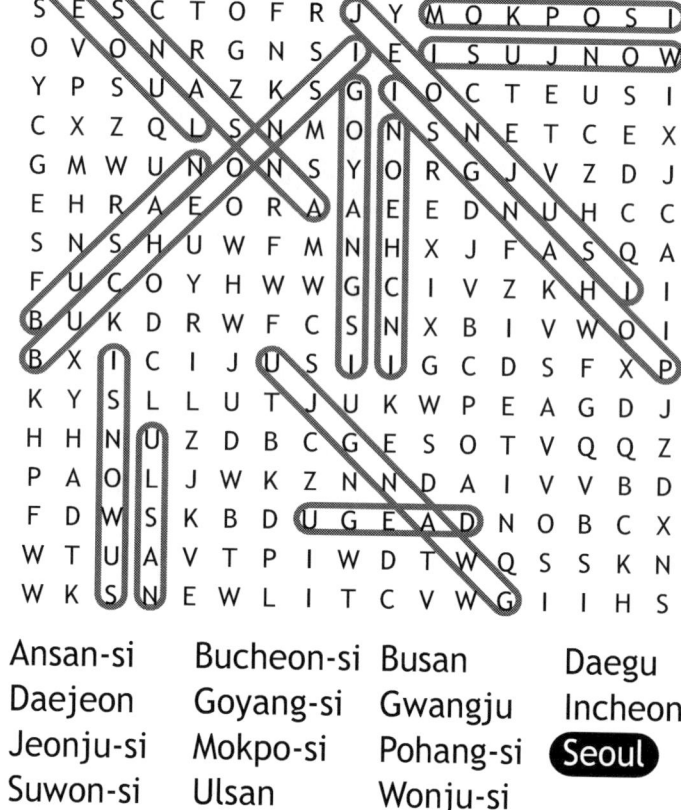

Ansan-si, Bucheon-si, Busan, Daegu, Daejeon, Goyang-si, Gwangju, Incheon, Jeonju-si, Mokpo-si, Pohang-si, **Seoul**, Suwon-si, Ulsan, Wonju-si

Word Search-55

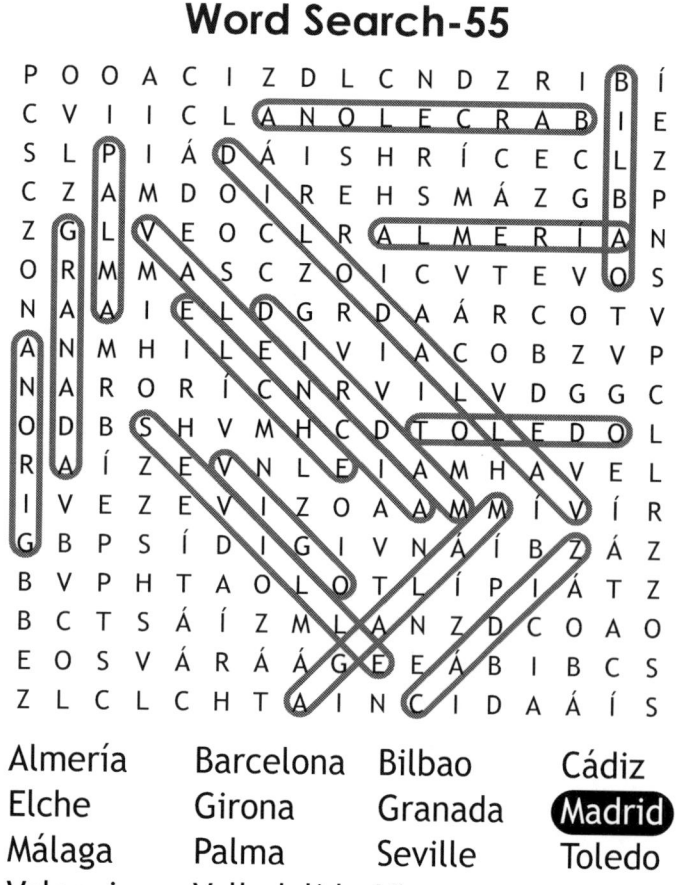

Almería, Barcelona, Bilbao, Cádiz, Elche, Girona, Granada, **Madrid**, Málaga, Palma, Seville, Toledo, Valencia, Valladolid, Vigo

Word Search-56

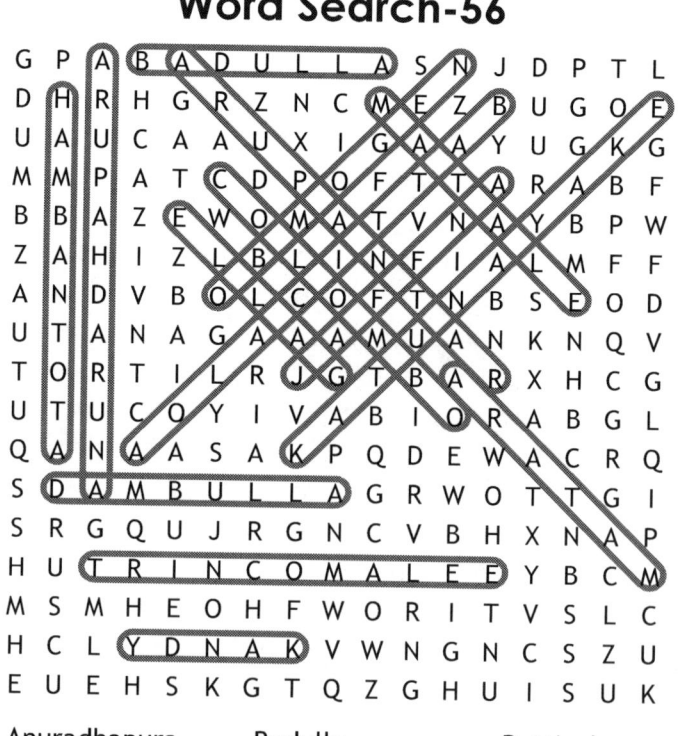

Anuradhapura, Badulla, Batticaloa, **Colombo**, Dambulla, Galle, Hambantota, Jaffna, Kandy, Katunayake, Matale, Matara, Negombo, Ratnapura, Trincomalee

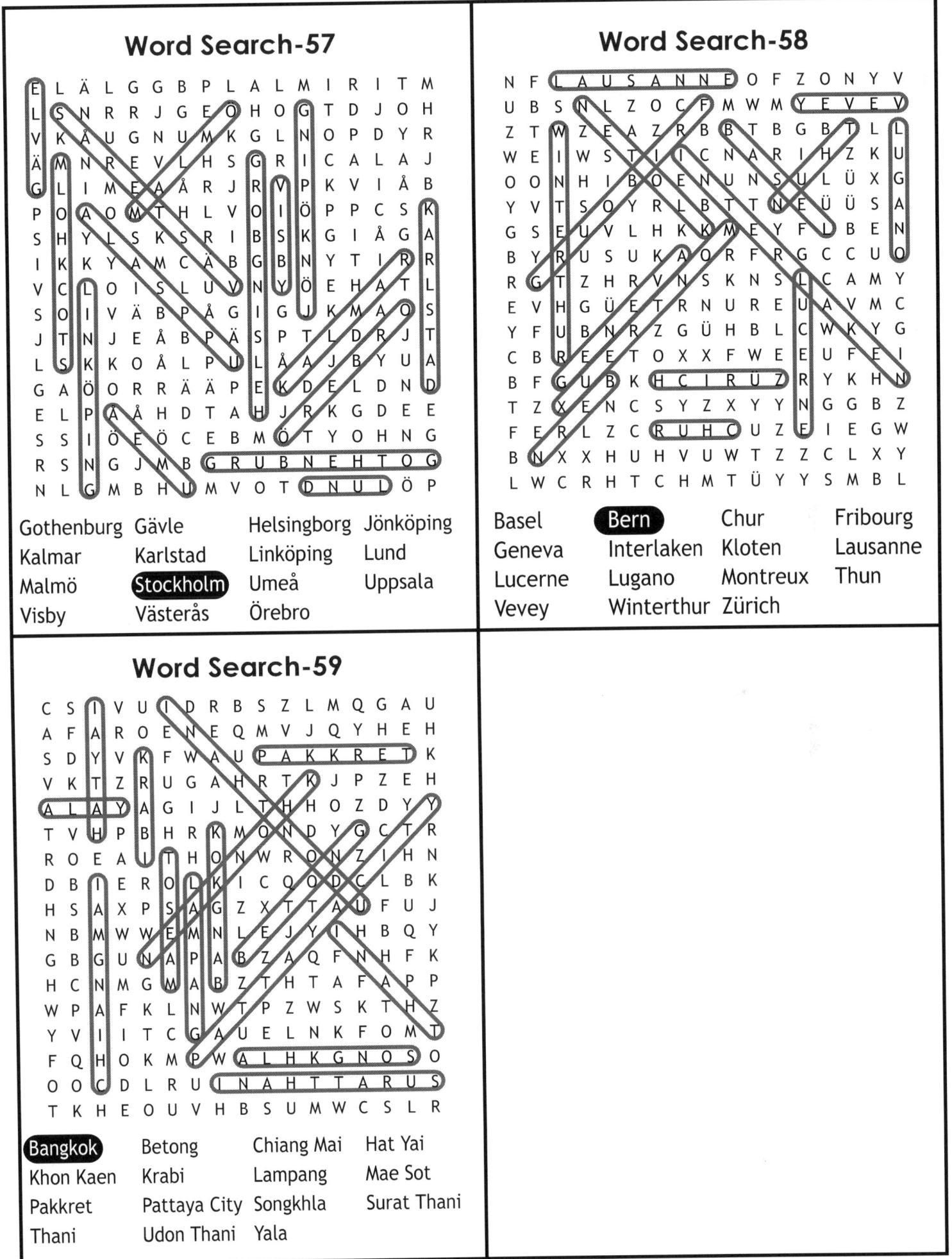

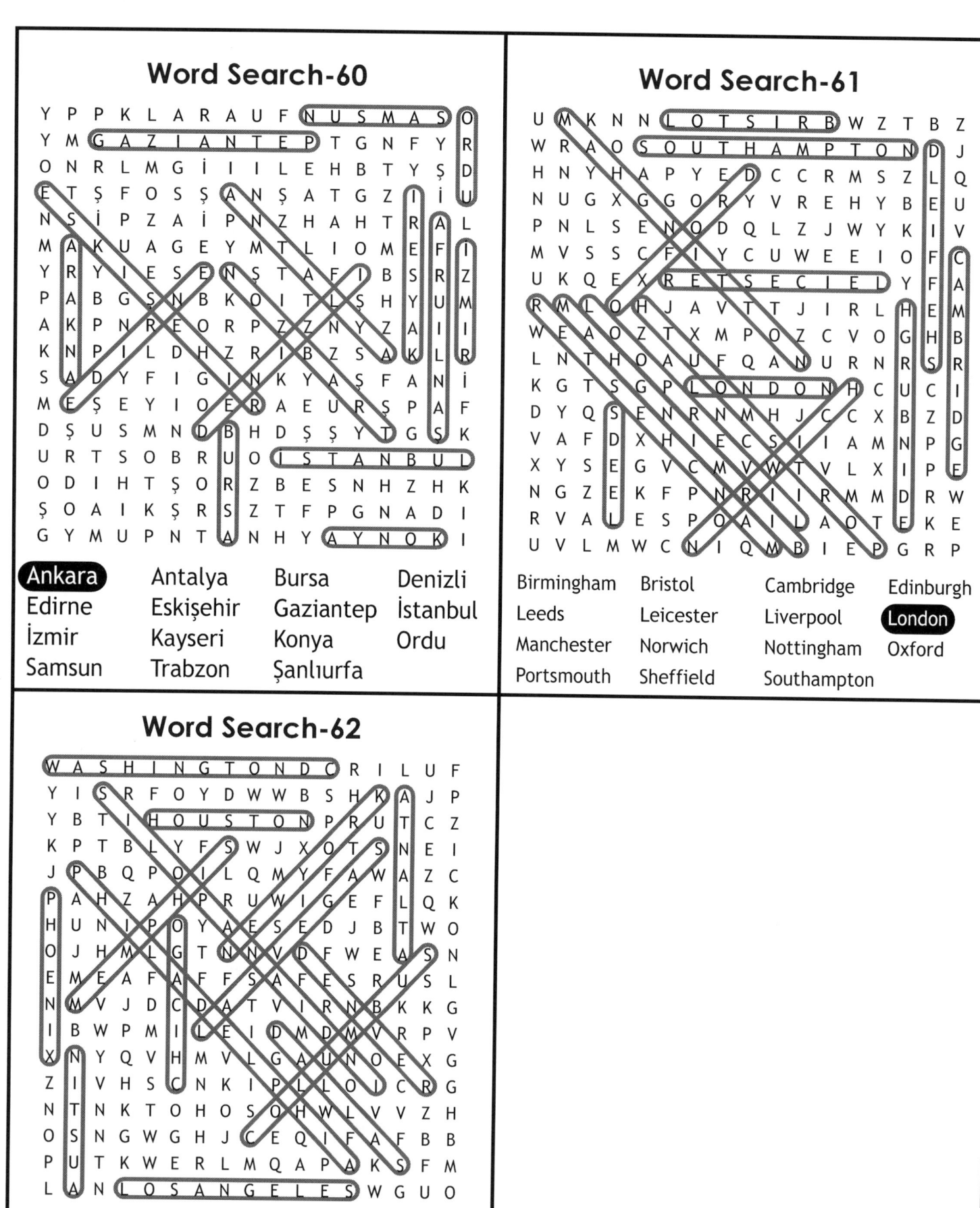

Made in the USA
Middletown, DE
12 February 2024

49577797R00046